KB261875

나는 분노한다

전 국 민 이 분 노 하 고 있 는
대 한 민 국 에 서 사 는 법

나는 분노한다

매일경제 분노의 시대 특별취재팀 지음

매일경제신문사

나는 분노한다

초판 1쇄 2012년 7월 10일
    4쇄 2012년 8월 24일

지은이 매일경제 분노의 시대 특별취재팀
펴낸이 윤영걸 **담당PD** 성영은 **펴낸곳** 매경출판㈜
등 록 2003년 4월 24일(No. 2 − 3759)
주 소 우)100 − 728 서울 중구 필동1가 30번지 매경미디어센터 9층
홈페이지 www.mkbook.co.kr
전 화 02)2000 − 2610(편집팀) 02)2000 − 2636(영업팀)
팩 스 02)2000 − 2609 **이메일** publish@mk.co.kr
인쇄 · 제본 ㈜M − print   031)8071 − 0961

ISBN 978 − 89 − 7442 − 835 − 8
값 14,000원

　지금 한국 사회를 가장 잘 표현하는 단어를 하나 고르라면? 그것은 아마도 '분노'가 아닐까 싶다. 그래서 이런 말까지 나온다. 지금 나타나고 있는 양극화와 이에 따른 분노를 잘 다스릴 것처럼 보이는 인물이 있다면 그 혹은 그녀가 차기 대권을 잡을 것이란 관측 말이다.

　어느 시대나 구조적 모순이란 게 있고 거기서 끓어올라 분출하는 시대적 분노라는 게 있다. 해방 후 한국인의 기본적 분노는 가난이었다. 이 분노를 다스렸던 게 박정희 정권에 의한 산업화 과정이었다. 산업화 이후 싹트기 시작한 분노는 권위주의적 독재였고 이 분노를 벗어던지려 몸부림쳤던 게 1980년대 민주화 과정이었다.

　그러면 우리가 지금 경험하고 있는 이 분노는 어디에서 비롯된 것일까? 이제 먹고살 만큼 소득수준도 올라갔고 민주화는 자기가 원한 사람을 대통령으로 직접 뽑으려던 그 열망의 단계를 이미 훌쩍 뛰어넘어 버린 수준이다. 형식적으론 이제 국민의 뜻에 의해 무엇이든 이뤄질 듯한 의식구조와 지배구조를 갖고 있는 듯이 보인다.

　그럼에도 불구하고 우리가 매일 주변에서 목격하는 분노의 물결은 무엇일까?

　한국인의 분노는 경제적으로 형편이 어렵거나 사회적 지위가 불안정한 경우로만 국한되지 않는다. 남녀노소와 빈부의 차이를 넘어선 한국인의 공통심리로 굳어져가고 있다. 그 결과, 한국 사회 어디에나 분노가 가득 차 있다고 해도 과언이 아니다. 특히 고용·교육·복지분야에서는 다른 나라에서 찾아볼 수 없는 광범한 분노벨트가 형성돼 있다.

여기에는 '아무리 정직하게 노력해도 성공하지 못한다'는, 한국인의 머릿속에 각인된 대한민국의 슬픈 자화상이 한몫을 한다. 노력해봐야 소용없다는 굴절된 현실은 사람들을 경쟁적인 지대추구(rent seeking) 행위로 몰아간다. 지대추구행위란 자신의 이익을 위해 로비 등 비생산적 활동을 펼침으로써 공공의 자원을 낭비하는 것을 말한다. 간단히 말해 자기 이익을 위해 꼼수를 부리는 것이다. 그리고 이 꼼수는 타인의 또 다른 꼼수를 부른다. 이런 과정을 통해 혈연, 지연, 학연 등 연줄과 배경에 따라 성공과 실패가 판가름 나다보니 사람들은 좌절하고 분노할 수밖에 없다. 자신의 부족함을 돌아보기에 앞서 불공정한 사회와 비열한 경쟁자부터 탓하게 된다.

이 같은 21세기 한국적 분노 DNA(유전인자)에는 크게 세 가지 배경이 저 깊은 밑바닥에 숨어있다. 첫째는 진정한 의미의 시민혁명, 선진화 과정을 겪지 못했다는 점이다. 이 요인은 두 번째 요인인 반복된 위기 경험과 서로 상호작용을 하기도 한다. 위기를 반복해서 겪다보면 정상적인 생명 사이클 대신 생존 자체가 우선시되다 보니 제대로 된 신진대사가 망가진다. 진정한 의미의 시민혁명과 선진화

과정이 싹트기 어려운 이유다. 조금 전과 같은 정상적 신진대사를 가로막는 세 번째 요인은 빠른 속도의 고령화라고 생각한다. 우리나라의 고령화는 세계 유래를 찾아볼 수 없을 정도로 급속도로 진행되고 있다. 정상적인 사회의 신진대사 사이클이 뿌리내리지 못하도록 곳곳에서 역기능적 작용을 미치고 있다.

그렇다면 우리는 무엇을 해야 할 것인가? 흔히 분노는 감정적 분노와 이성적 분노로 구분된다. 감정적 분노는 참고 다스리라고 하겠지만 이성적 분노는 다르다. 그 내용을 진지하게 경청할 필요가 있다. 그리고 국가와 사회가 해법을 제시해줘야 한다. 그래야 무질서한 분노의 분출을 피할 수 있다. 이유 있는 분노에 대한 합리적인 대안 제시, 이것이 본 책을 쓴 목적이다.

이 책은 크게 5개의 파트로 구성돼있다.

우선 'Part 1 행복이란 파랑새는 없다'에서는 크게 달라진 한국인의 행복관을 점검했다. 급속도로 진행된 양극화의 영향으로 곳곳에 깊은 상처를 입은 대한민국의 맨얼굴을 확인할 수 있었다. 이어 'Part 2 돈이 있어도 즐길 수는 없다'에서는 경제적 곤궁에 처한 한국인의 모습을 분석했다. 저소득층뿐만 아니라 중산층까지도 경제적 어려움에 처하게 됐으며, 한국 사회에서 '분노의 샘'은 주택이라는 점을 설명했다. 'Part 3 희망의 사다리는 왜 걷어차였나'에서는 화려한 겉모양과는 달리 분노에 젖어있는 한국 사회의 서글픈 이면을 다뤘다. 최고급 주거지로 꼽히는 서울 강남지역의 분노와 공정사회를 좀먹는 지하경제, 현대판 유랑족 생활을 해야 하는 2040세대를 되돌아봤다. 'Part 4 전 세계를 뒤덮은 99% 분노 에너지'는 글로벌 경제위기 이후 전 세계 공통코드로 자리매김한 분노와, 그에 대한 대응으로 새로운 진화를 시작한 자본주의를 분석했다. 지금은 시들해졌지만 한때 지구촌을 뜨겁게 달궜던 '월가점령시위대(occupy the wall)'는 자본주의의 오늘과 내일을 곱씹어보게 만드는 계기가 됐다. 마지막 'Part 5 국민이 바라는 새로운 시대정신'에는 분노에 대한 해법(solution)을 구체적인 사례와 함께 담았다. 한국 사회에서 분노를 걷어내는 액션플랜들을 '공감(共感) 자본주의'라는 개념으로 아울렀다.

이 책을 쓰면서 저자들이 고심했던 부분은 이념적인 편향에 휘둘리지 않고, 허망한 탁상공론에서 벗어나 실질적인 해결책을 도출해내야 한다는 점이었다. 이를 위해 마이클 샌델 하버드대 교수 등 관련 분야의 국내외 대가로부터 일일이 의견을 구하는 동시에 주변에서 흔히 만나는 '보통사람'들의 목소리를 함께 반영하기 위해 노력했다.

중요한 것은 정책 수단의 질과 개혁의 타이밍이다. 문제 해결의 타이밍을 놓치거나 핵심에서 벗어난 해법을 내놓게 되면 그 사회가 엄청난 부작용을 뒤집어쓰게 된다. 이는 과거 역사를 되돌아봐도 분명하다. 방치된 분노는 화(禍)를 부르기 마련이다. 개인적인 일탈이나 항의에 그칠 수도 있지만 사회적인 소요나 정변으로 나타나기도 한다.

분노도 경제현상과 비슷한 측면이 있다. 국가적·사회적으로 공유되는 분노는 우여곡절을 겪는 한이 있더라도 해결점을 찾아가게 마련이다. 하나의 균형이 무너지면 시행착오를 거쳐 새로운 균형을 찾아가는 시장(市場)의 원리와 흡사하다. 새 균형점을 찾는 데 이 책이 자그마한 보탬이라도 될 수 있기를 기대해 본다.

이 책의 내용은 대부분 2011년 가을 매일경제에 '분노의 시대', '분노의 시대를 넘어서' 등의 대형 기획물로 연재됐다. 2011년에 이어 2012년까지 2년 연속 씨티언론인상 대상의 영예를 안겨준 성공작이었다. 그러나 이번에 책으로 펴내면서 그 내용을 전면 재구성했다. 2012년 대선의 해에 큰 꿈을 꾸는 분들에겐 작은 나침반 역할도 자임하고 싶다.

끝으로 참신한 아이디어와 함께 시종일관 응원을 아끼지 않으신 박재현 매일경제 편집국장과 분초를 다투는 신문기자 생활을 하면서 시간을 따로 쪼개 원고를 집필해준 매일경제 기자 후배들께 감사의 말씀을 드린다. 개인적으로는 매일경제 경제부장 시절 진행됐던 작업이 책으로 묶여 결실을 맺었다는 점에서 뿌듯함과 감사한 마음을 느낀다.

매일경제 증권부장

서정희

Part 3 · 희망의 사다리는 왜 걷어차였나

Part 4 · 전 세계를 뒤덮은 99% 분노 에너지

Part 5 · 국민이 바라는 새로운 시대정신

Part 1

행복이란
파랑새는 없다

우리나라 표준한국인
그는 누구인가

한국인은 지금 어디에 있는가?

지금으로부터 20년 전인 지난 1991년, 매일경제는 옛 경제기획원의 협조로 대한민국 평균치에 해당하는 '표준한국인' 송종수 씨를 만났다. 이는 평균적인 한국인의 생활상과 보통 한국인의 모습을 조명하기 위한 것으로 그 당시 개념조차 정립되지 않은 '중산층'의 실체를 처음 밝혀내려는 시도였다.

가장 먼저 주목한 부분은 사회지표에 나타난 경제활동 단위의 기본인 2인 이상 가계소득이다. 또한 그 당시 대부분의 통계자료가 도시근로자에 맞춰 있기에 이들의 소득과 지출, 교육수준, 직업, 문화생활 등을 감안해서 표준한국인으로 송종수 씨를 선정했다.

통계로 본 표준한국인

구분	1991년	2011년
가구원 수(명)	3.99	3.36
가구주 연령(세)	39.11	45.58
월 근로소득(만 원)	90.0	359.2
월 가계지출(만 원)	81.8	325.3

자료=통계청

이와 동일한 방법으로 매일경제는 통계청의 '2011년 2분기 가계 동향' 원시자료를 통해 표준한국인 선정 작업에 착수했다. 2인 이상 도시근로자인 677만 4,800가구 월 소득을 순서대로 나열했을 때 가장 중간에 위치한 중위소득 가구를 추려냈다. 또한 도시근로자 평균 가구원 수, 가구주 연령을 비롯해 지출과 교육수준 등을 종합적으로 고려한 뒤 시장조사전문업체 엠브레인의 도움을 받아 '2011 표준한국인'으로 서울 노원구에 살고 있는 정문영 씨를 최종 선정했다.

먼저 1991년 표준한국인 송종수 씨는 1952년생으로 당시 40세, 아내와 슬하에 일곱 살인 딸을 두고 있었다. 평택 출신으로 고졸 학력인 그의 직업은 서울 시내 한 아파트 관리사무소 직원이었다. 월 평균 수입은 부인의 수입과 합쳐 85만 원에서 90만 원. 그의 부인은 당시에도 "물가가 너무 올라 못 살겠다"고 말했다. 살던 집은 20여

송종수 씨를 다룬 1991년 신문기사.

평짜리 반 지하 셋집으로 소유하고 있는 차량은 없었다.

그의 가장 큰 관심사는 집 문제였다. 평촌지구에 17평짜리 임대 아파트에 당첨된 송 씨는 계약금 160만 원을 치른 뒤 여윳돈 부족으로 고민이 컸다. 앞으로 그에겐 몇 차례 더 목돈이 들어갈 일이 있었고, 월 임대료만 15만 원 이상씩 필요했다. 감당하기 벅찬 것이 사실이었지만 그는 들뜬 표정을 감추지 않았다. '내집마련'이라는 꿈이 눈앞에 가까워졌기 때문이었다.

그렇다면 20년이 지난 2011년, 표준한국인은 어떤 고민을 안고 어떻게 살아가고 있을까?

매일경제가 통계청 자료를 바탕으로 찾아본 표준한국인은 서울 노원구에 살고 있는 40세 정문영 씨다. 아내와 함께 슬하에 여섯 살, 네 살짜리 아들 둘을 두고 있다. 서울 상계동에 24평짜리 아파트를 소유하고 있고, 아내의 소득과 합치면 월 소득은 370만 원 정도다. SUV 차량을 가지고 있지만 직장에 자주 몰고 다니지는 않는다.

그는 한 보험사에서 임시직 직장인으로 잠시 일을 하고 있다. 이와 함께 부업 차원에서 다른 일도 하는 '투잡족'이기도 하다. 정 씨는 4년제 대학을 나와 학원에서 인사 관련 업무를 하면서 사회에 첫발을 내디뎠다. 안정된 직장이었다. 하지만 그는 지금 투잡족의 길을 걷고 있다.

정 씨가 굳이 안정된 직장을 떠난 데에는 다른 이유가 있었다. 그는 캐나다로의 이민을 희망하고 있다. 물론 아직까지는 단순한 희망일 뿐 구체적으로 계획을 잡은 것은 아니다.

이미 정 씨는 타국 생활을 경험했던 적이 있었다. 가족들과 함께 캐나다 밴쿠버에서 2011년 초까지 2년가량을 생활하다 한국으로 돌아왔다. 일 때문에 건너갔지만 캐나다에서의 생활은 그에게 여유로움 그 자체였다. 그곳에서는 허드렛일을 한다고 하더라도 생활에 어려움이 없었다. 주중에 일하고, 주말엔 낚시를 떠날 수 있을 정도로 여유로운 삶의 연속이었다. 가족 역시 그렇게 느끼긴 마찬가지였다. 아이들은 캐나다에서 자유분방한 교육을 받았다. 아내 역시 풍족한 삶에 만족감을 느꼈다.

하지만 한국에 다시 돌아왔을 때는 모든 면에서 어려움의 연속이었다. 우선 아이들이 적응하지 못했다. 치열한 경쟁에 지쳐버렸다. 아내도 다시 나가고 싶다는 말을 거듭했다. 정 씨 역시 생활이 버겁게 느껴지기 시작했다. 본인, 그리고 가족을 생각해서라도 고국을 떠나는 것이 낫겠다는 생각이 들었다.

그는 "40대 초반 되는 사람들의 가장 큰 걱정거리는 자녀문제"라며 "아이들 교육을 책임지면 내 노후가 버거워지는데, 교육과 노후는 동전의 양면"이라고 말했다. 정 씨는 "얼마 전 노후에는 최소 3~5억 원은 있어야 남에게 아쉬운 소리 안 하고 살 수 있다는 뉴스를 봤다. 지금 3억 원 갖고 애들 교육시키면 몇 년 안에 다 소진될 것"이라고 덧붙였다.

그는 '1등'만 강조한다는 것이 한국 교육의 문제라고 생각하고 있었다. 달리기를 해도, 퀴즈대회를 해도, 공부를 해도 무조건 1등만

1991년과 2011년 표준한국인 비교

송종수	성명	정문영
딸 1명	자녀	아들 2명
다가구주택 월세	주거 형태	80㎡ 아파트 소유
85~90만 원	월소득	360~370만 원
치솟는 물가, 내 집 마련	가장 큰 고민	감당 못하는 교육비와 노후 대책
물가 안정, 200만 가구 공급대책	고민에 대한 정부 지원	교육비, 노후 대책 사실상 전무
임대아파트 당첨	개인의 해결책	해외 이민 고려 중

을 최고로 여기는 것이 한국 교육이라는 것이다.

멀리 갈 필요도 없다. 정 씨는 첫째 아들이 유치원에서 2등을 했다며 울먹이는 모습을 보고 가슴이 무너지는 듯한 아픔을 느꼈다. '이건 너무한 것 아닌가'라는 생각까지 들었다고 한다.

그가 본 한국 사회에서의 행복은 성적순이었다. 대학을 나오지 않으면, 외국을 다녀오지 않으면 취직이 어렵다. 예전에는 시골에서 소를 팔아 대학교육을 시켰다고 하지만 지금은 소를 팔아봐야 한 학기 등록금도 채 나오지 않는다. 그는 "대학생이 아니라면 주민등록증이 안 나오는 것이나 마찬가지"라고 비유했다.

그렇다고 '나만 다르게' 살 수는 없다. 정 씨는 "네가 하기 싫으면 하지 말라고 말하는 분도 계시지만 이곳에서 살기 위해서는 어쩔 수 없다"며 "어떻게든 하려다 보니 점점 경쟁은 치열해져 가는데 그렇다고 나의 노후도 생각하지 않을 수는 없다"고 했다.

그는 캐나다에서 아이들을 키우면서 많은 점을 느꼈다고 한다. 한번은 밴쿠버에 있는 한 식당을 갔다. 식사를 마친 뒤 계산을 하고 나오는데 아이들이 사탕이 들어있는 꾸러미 앞에서 사탕을 꺼내고 있었다. 아이들이 한국에서 생활할 때는 사탕을 한 움큼씩 집어 야단을 치곤 했던 정 씨였다. 하지만 그곳에서는 아이들이 달라졌다. 아이는 "다른 사람들도 먹어야 하니 하나만 집었다"고 말했다고 한다. 경쟁보다는 배려하는 법을 먼저 배웠기 때문이다.

정 씨의 정치관은 전형적인 40대의 시각과 일치한다. 상처 내기식, 보수·진보 간의 갈등, 인신공격. 굳이 이 정도까지 생체기를 만들 필요가 있을지 모르겠다는 것이 정 씨의 생각이다. 이런 생체기가 선거로 연결되면서 사람들이 투표를 하지 않으려 한다는 나름의 분석도 제시했다. 다른 대안이 있는 것도 아닌 마당에 서로 흠집 내기를 하다 보니 보통 사람들은 정치에 환멸을 느낀다는 것이다.

그는 "잘한 것은 잘한 것이라고 인정하고, 잘못한 것은 잘못한 것이라고 인정하는 것이 필요하다"며 "잘한 것도 잘못한 것도 짚지 않고 불필요하게 소모적으로 논쟁을 위한 논쟁을 하는 행태는 옳지 않다고 생각한다"고 말했다.

정 씨가 하루 일과 중 가장 즐겁고 행복한 시간은 아이들과 함께하는 시간이다. 아이들과 함께 레슬링도 하며 뒹굴고 놀 때가 행복하다. 그는 아이들을 떠올리며 "아이들이 조금만 더 크면 함께 운동장에 나가 야구를 하고 싶다"고 너스레를 떨었다.

아이들과 함께 맛있는 식당도 다니고, 어린이대공원이나 수족관도 찾으며 즐거운 시간을 보내고 싶지만 시간이 허락하지 않을 때가 많다. 아이들이 조금 더 커서 학교에 입학하면 함께 할 수 있는 시간은 더욱 줄어들게 마련. 그는 "지금 이 시간이 가족들과 보낼 수 있는 유일한 시간이라고 생각하고 가족들에게 많은 시간을 쏟고자 하고 있다"고 했다.

그는 보험사 일을 하면서 다양한 계층의 사람들을 만나곤 한다. 그러면서 스스로가 '게을리 살았다'는 자책을 하게 됐다. 한국 사회

에 열심히 하는 사람들이 워낙 많다보니 나 역시 열심히 살아야겠
다고 다짐하게 됐다고 한다.

그는 "새벽 4시 30분에 지하철에 사람들이 꽉 차있는데, 다들 연
세가 40~50세 정도 돼 보인다"며 "양복 입은 사람들도 있고, 여러
부류의 사람들이 있는데 우리나라 사람들은 아직도 이렇게 부지런
하게 살고 있다"고 말했다.

정 씨는 인터뷰를 마치며 "우리나라가 경제적으로 어렵다고 하
지만 아직 희망은 있다고 본다. 열심히 하면 얻을 수 있고, 아직까지
그렇게 썩지 않은 사회라고 생각한다"는 말도 잊지 않았다. 그는 바
로 우리 이웃에서 볼 수 있는 보통, 표준한국인이다.

'국민연금은 과연 나의 노후를 책임져줄까?'

직장인이라면 누구나 던져봤음직한 질문이다. 대부분의 직장인
은 '아니다'라고 답한다. 국민연금만으로 노후를 의지하기에는 불
안하다는 느낌이 큰 것도 사실이다. 아이를 둔 부모라면 아이들의
교육과 본인의 노후 중에서 한 가지를 선택해야 하는 상황에 처하
곤 한다. 아이들 교육에는 엄청난 돈을 쏟아 붓지만 정작 본인의 노
후는 불안하게 연명해야 하는 것이 대한민국의 현실이다.

우리나라는 경제협력개발기구(OECD) 국가 중 자살률이 단연 1
위인 국가다. 이 중에서도 노인 자살률은 압도적인 1위에 올라있
다. 65세에서 74세 노인의 자살률은 OECD평균이 10만 명당 16.3

명이지만 우리나라는 81.8명에 달한다. 75세 이상 최고령 노인은 OECD평균이 19.3명이지만 우리나라는 160.4명에 육박한다. 그만큼 노후에 대한 문제는 심각하다.

우선 국민연금의 지급 수준은 턱없이 부족하다. 월 소득액 300만 원인 근로자가 국민연금을 30년 동안 가입해 60세 은퇴시점에 받는 노령연금은 매월 약 100만 원에 불과하다. 최근 OECD가 발표한 한국의 총소득 대비 연금기여율은 9.0%로 OECD 평균 19.6%의 절반 이하 수준에 불과하다. GDP와 비교해보면 한국은 2.5%이지만 OECD 평균은 5.1%로 역시 절반 수준이다.

국민연금공단은 2030년이 된다고 하더라도 노인들이 공적연금을 받는 비율이 60% 안팎에 불과할 것이라고 예측했다. 이 때문에 노후 소득보장제도의 근본적인 개혁이 필요하다.

우선 노후보장의 사각지대부터 지워나가야 한다. 국민연금제도가 성숙한 이후라 하더라도 수급권을 온전히 보장받지 못하는 사람들이 여전히 남아있다. 이들이 의존할 수 있는 마지막 보루는 기초생활보장제도와 기초노령연금 등인데, 현행 기초생활보장제도는 자산 기준이나 부양의무자 기준 등이 지나치게 엄격해 많은 노인들이 지원을 못 받는 실정이다.

그나마 많은 사람들이 혜택을 받는 기초노령연금액도 1인당 월 최대 9만 원에 그쳐 '있으나 마나' 한 제도가 돼 버렸다. 사회보장제도의 사각지대에 있는 사람들을 보호하고, 지원 역시 획기적으로 확대해야 안정적인 노후가 보장될 수 있다.

중산층 이상에게 적용되는 국민연금 역시 조정이 불가피하다. 평균소득 이상을 버는 중산층의 연금소득대체율은 지속적으로 하락하고 있다. 만약 현재의 소득 수준에 비해 은퇴 후 받게 되는 연금 수준인 연금소득대체율이 40% 이하로 떨어지게 되면 심각한 사회 문제가 발생할 가능성이 크다.

국민연금 외의 '노후의 대안' 역시 찾아야 한다. 이 같은 대안은 선진국이 모범답안이 될 수도 있다. 일명 '슈퍼 애뉴에이션'으로 불리는 호주 퇴직연금은 세계 최고로 꼽힌다. 퇴직연금이지만 강제로 가입해야만 하는 상품이다. 기업주는 근로자를 위해 의무적으로 매월 월급의 9%에 해당하는 금액을 납부해야 한다.

영국도 2012년부터 공·사 연금의 혼합체인 '하이브리드 연금'을 도입한다. 개인연금계좌(PA, Personal Accounts)라 불리는 신종 퇴직연금이다. 의무가입이 원칙으로 납입액의 일부를 정부가 지원한다. 월급의 8%를 연금에 납부하면 개인이 절반인 4%, 기업이 3%를 납입하고, 정부가 1%를 지원하는 방식이다. 공적연금 가입 비율이 전체 인구의 82%에 달하는 독일은 지난 2009년 기준 실질연금 수령자(2,041만 명)가 전체 인구의 25%에 달한다.

높아지고 있는 의료비 부담도 노후 생활의 어려움을 가져오는 또 다른 문제점이다. 고령화가 가속되면서 사회적인 의료비 지출은 꾸준히 늘어날 것으로 보이는데, 월평균 진료비는 75~84세는 7년 사이 3배, 85세 이상은 4배 이상이 증가했다.

　하지만 고령화로 노인 인구가 늘고 의료비 지출이 늘어나는 상황에서 의사 인력은 여전히 제자리걸음을 하고 있다. 높은 비용을 부담하면서도 제대로 된 의료 서비스를 받지 못할 가능성이 있다는 뜻이다. 의료 수요는 팽창하고 있지만 의료 공급은 이에 따르지 못하는 상황이기 때문에 앞으로 '의사 부족 현상'이 나타날 가능성도 점쳐지고 있다. 의사 인력을 확대하기 위해 의대설립의 문턱을 보다 낮출 필요가 있다.

마이클 샌델
하버드대 교수

납세자 희생으로 금융기관을 구한 것이 화 불러

빈부격차 심화와 금융기관 비위에 분노한 시민들이 들고 일어
선 월가 시위(occupy wall street) 직후 세계적인 오피니언 리더들
의 분노 진단이 이어졌다. 베스트셀러 《정의란 무엇인가(*Justice:
What's the right thing to do?*)》의 저자 마이클 샌델 하버드대 교수
도 그중 하나다.

제12회 세계지식포럼 마지막 날인 2011년 10월 13일 마이클 샌델
교수는 매일경제와 인터뷰에서 월가 시위에 대해 "좌·우 양쪽에서
분노가 표출되고 있다"고 말했다. 다음은 샌델 교수와의 일문일답
이다.

A: 원인은 크게 두 가지였다. 우선 미국 월가 시위대의 분노와 절망, 적개심
은 금융위기와 정부 대응의 미약함에 대한 분노가 컸다. 납세자들의 희
생으로 금융기관들을 구하면서 정부가 금융기관들에 제대로 된 조건도
붙이지 못한 점이 반발을 불러 일으켰다. 둘째, 소득과 부의 불평등이 심
화되는 것이 중요한 원인이었다. 미국은 상위 1% 인구가 하위 90% 인
구보다 더 많은 부를 보유하고 있다. 최근 소득불평등이 심화된 것도 금
융 산업이 미국 경제에서 차지하는 비중이 커진 측면도 있다. 정부가 금
융 산업을 구조조정하는 과정에서 강력하게 대응하지 못한 점에 대해
미국 내에서 반발이 거세진 것이다.

금융구제와 금융위기를 넘어서며 새로운 통치철학을 찾기 위해 서구 많
은 나라들이 어려움을 겪고 있다. 월가 시위도 그런 표출이다. 반대편
(우파)의 티파티도 그런 표출의 한 모습이다. 둘은 같은 원천에서 나온
움직임이다. 원천은 분노, 반대, 도덕적 불만 이런 것의 표출이다. 그 대
상은 금융권시스템이다. 금융권 스스로 문제 때문에 사회 전체가 엄청
난 비용을 짊어진 것에 대한 분노, 그리고 불만이다. 국민의 돈으로 은
행을 구제했다는 것에 대한 불만이다. 정치스펙트럼 양쪽에서, 우·좌에
서 표출된 것이다.

Q: 분노와 정의 실현을 위한 궁극적인 해결 주체는 정치권 아닌가?

A : 궁극적 해결 주체는 정치권이라는 데 일면 동의한다. 미국에서도 이미 우파에서 시작된 저항운동인 티파티가 공화당에 영향을 끼쳤다. 흥미로운 것은 영향을 미쳤다 하더라도 공화당 후보가 티파티의 호감을 얻기는 힘들 것이라는 예상이다. 그럼에도 불구하고 티파티의 등장이 공화당에 상당한 영향을 미쳤다는 것은 분명하다.

Q : 2012년에 주요국가에서 중요한 선거들이 잇따를 예정이다. 최근 시위열풍이 이들 선거에 어떤 영향을 미칠 것으로 보는가?

A : 뉴욕 시위대가 노조들 지지를 얻거나, 세력을 더 키우거나, 분명한 어젠다나 메시지를 개발하면 민주당 정책에 영향을 미치거나 효과를 낼 가능성은 있다. 정치권에서 정하는 일이 시민사회에 엄청난 영향을 미치게 된다. 그러나 건전한 민주주의 뒤에는 강한 시민사회가 있고, 그 시민사회의 에너지와 적극성이 도리어 정치권에 영향을 미칠 수 있다.

Q : 한국에서는 최근 대기업의 관계사인 대형 할인마트에서 치킨프라이드 가격을 동네의 치킨가게보다 50% 싼 가격에 팔려고 하는 움직임이 있었다. 그러자 동네 영세 상인들을 중심으로 큰 반발이 일어났다. 영세상인 측면에서 보면 서민층을 보호하는 정의로운 행위지만 소비자 입장에서 보면 가격이 비싼 치킨 대신 저렴한 치킨을 먹지 못하게 하는 행위 아닌가? 정의롭고 공정한 것이라 말할 수 있나?

A : 1920~1930년대에 미국에서 한창 뜨거웠던 체인 스토어(chain store)

논쟁과 맞닿아 있다. 저렴한 제품 가격과 영세상인 보호라는 두 가지 원칙의 갈등을 보여준다. 간단히 결론 내릴 수 없는 문제다. 당시 미국에서는 영세 상인을 보호하기 위한 다양한 법안들이 통과됐었다. 또 소비자운동이 부상하면서 법안이 수정되기도 했다. 이는 한국의 무상급식 문제와 함께 논쟁하기 좋은 소재다. 미국에서는 요즘 논쟁이 심하지 않지만 여전히 중요하다. 정의와 공정함, 민주주의, 시민의식 등 거대한 문제에 대해 질문을 던지는 중요한 쟁점이다. 다른 자리에서 다양한 의견을 가진 학생이나 시민들이 함께 논할 만하다. 분명한 것은 사람들이 본인을 일차적으로 소비자로서 인식하고, 이차적으로 시민으로 인식한다는 것은 속한 공동체는 물론 민주주의에도 해롭다.

14년 만에 뒤집어진 국민의식

한국인은 분노하고 있다. 1988년 서울올림픽을 치르면서 '우리도 할 수 있다'는 국민적 자신감은 어느덧 사라지고 그 자리에 양극화에 따른 사회적 불신이 똬리를 틀었다. 특히 1998년 외환위기와 2008년 글로벌 금융위기는 국민 의식을 송두리째 흔들어 놓았다.

대학생들이 반값 등록금을 주장하며 거리에 쏟아지고 있고 포퓰리즘 입법이 남발되고 있으며 갑작스레 안철수 신드롬이 불어 닥친 것도 모두 분노라는 하나의 뿌리에서 나온 가지들이다. 국가경제는 성장하고 있지만 각종 비용 상승에 삶은 팍팍한데다, 주위를 둘러보니 지대추구(rent seeking) 만연으로 노력을 해도 목표를 달성하기 힘들다는 얘기다.

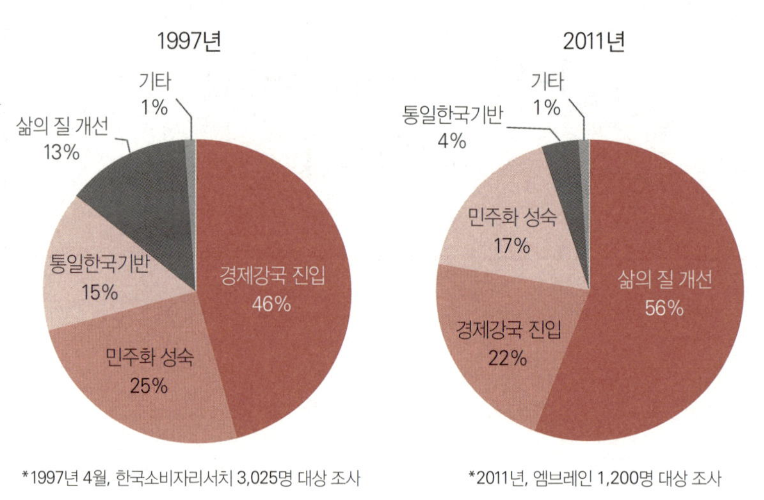

한국인 대다수는 외환위기 직전만 하더라도 최우선 국가목표는 당연히 경제 강국 진입으로 생각했다. 하지만 이런 국민들은 오늘날 소수에 불과하다.

매일경제가 리서치 전문 업체 엠브레인과 공동으로 국민 1,200명을 대상으로 국민의식 설문 조사를 한 결과 국민 절반 이상이 국가목표로 풍요로운 삶을 갈망했다. '최우선 국가목표를 무엇이라고 생각하느냐'는 질문에 56% 국민이 삶의 질 개선을 꼽았다. 1997년 4월 매일경제 비전코리아 때 실시한 설문에서 이 비율이 12.9%에 불과했던 것과 비교하면 14년 만에 4.3배나 많아진 셈이다. 반면 경

 나는 분노한다

제 강국 진입이라는 응답은 45.7%에서 21.8%로 절반 이상 쪼그라들었다.

이런 변화에는 여유 없는 삶이 크게 작용했다. 현재 걱정하고 있는 첫 번째 고민이 무엇이냐고 묻자, 먹고 입는 데도 부족한 금전이라는 답변이 무려 24.9%에 달했다. 이어 주거비 부담 24.6%, 노후 대책 걱정 22.3% 순이었다. 놀랍게도 연평도 포격, 일본 대지진 등 전쟁과 재난에 대해 고민을 하는 국민은 2.4%에 그쳤다. 윤리적 삶과 신앙에 대한 고차원적인 고민을 하는 국민도 1.6% 불과했다.

노력을 해도 성공이 어려운 불공평한 사회라는 인식은 국민들 스스로 지대추구행위를 시도케 하는 딜레마를 낳고 있는 것으로 확인됐다. 노력해도 성공하지 못하는 이유가 금전 부족 때문이라고 생각하느냐는 질문에 44.6%가 그렇다고 응답했고, 인맥 부족 때문이라고 생각하느냐는 질문에도 56.9%가 그렇다고 답변했다. 또 국민 83.5%가 인맥을 활용하면 목적을 보다 쉽게 달성할 수 있다고 여기고 있었으며, 30.1%는 실제로 목적을 위해 학연·지연·혈연관계를 활용한 적이 있다고 답변했다. 또 13.6%는 목표를 위해 금품이나 향응을 제공한 적이 있었다.

이처럼 국민들의 생각이 크게 바뀐 것은 좌절감 때문이다. 1997년 외환위기와 2008년 글로벌 금융위기를 극복하는 과정에서 국민들은 '조금만 더 참으면 다시 잘살 수 있다'는 태도로 경제강국 진입을 꿈꿨다. 나라가 잘살면 모두가 풍요롭다는 생각에서였다. 하지만 결과는 정반대였다. 중산층이 감소하고 양극화 문제가 터지면서 상대적 박탈감에 시달렸고 이는 국가에 대한 인식을 바꾸는 도화선이었다. 지난 20년간 1인당 GDP는 3배 이상 늘었으나 중산층(중위소득 50~150%) 비중은 외환위기 직전 해인 1997년 74.1%에서 2010년 67.5%로 추락했다.

열심히 노력해도 가져가는 성과는 국민 평균에도 못 미칠 수 있다는 불안감이 국가 목표를 공동체에서 개개인으로 변화케 했다. 이 같은 변화는 한국 사회가 노력한 만큼 과실을 딸 수 없는 불공정한 사회로 바뀌고 있다는 인식으로 이어졌다.

최인수 엠브레인 대표는 이렇게 말한다. "본격적으로 가정을 꾸리기 시작하는 30대와 저소득층을 중심으로 삶의 질 개선에 대한 욕망이 강한 것으로 나타났다. 300만 원대 소득계층에서 경제강국 진입에 대한 선호도가 가장 떨어졌는데 이 계층이 설문조사 대상 중 24.8%로 비중이 가장 높은 것을 고려하면 시사하는 바가 크다."

전통적인 통일 지지 세력인 대학생들조차 통일에 대한 기대감을 크게 낮췄다. 당장 눈앞에 일이 급선무라는 인식이다. 직업별로 살펴보면 최우선 국가목표를 통일한국 기반 조성으로 꼽은 계층은 자영업자가 6.6%로 가장 높았고 대학생과 대학원생이 3.2%로 가장 낮았다. 이는 무직 6.1%, 경영관리직 3.4%보다 낮은 수준이다. 학력별로는 고졸 이하가 7%로 가장 높았고 대졸 이상은 3.2%로 나타나 학력이 높을수록 통일에 대한 열망감이 저조했다.

이 같은 인식 변화에 경제과제에 대한 선호도도 크게 뒤바뀌었다. 우선적으로 추진해야 할 경제 과제를 복수응답으로 물어보자 노동시장 효율성 제고가 63.3%로 가장 높았고 산업구조 고부가가치화는 35.8%로 가장 낮았다. 이는 1997년 정부부문 개혁이 77%, 노동시장 효율성 제고가 17% 꼽았던 것과 대조적인 결과다. 또 당시에는 산업구조 고부가가치화라는 응답도 61%에 달했다. 국민 상당수가 정부구조 개편이나 산업구조 고부가가치는 이미 충분히 달성된 만큼 불필요한 근무시간 감축, 정규직·비정규직 차별 완화 등 노동시장 효율성을 높이기를 간절히 원하고 있다는 얘기다.

사회체제에 대한 평가는 14년 전보다 인색해진 것으로 나타났다. 소득분배에 대한 평가는 10점 만점에 3.66점으로 1997년 4.09점보다 0.43점 하락했다. 기회균등은 4.75점에서 4.26점으로, 공정한 경쟁은 4.59점에서 4.2점으로 각각 하락했다. 다만 민주주의 점수만 4.45점에서 5점으로 높아졌다.

한국인 상당수가 과거보다 노력을 해도 성공하기 어렵다고 인식하고 있는 대목이다. 마이클 샌델 하버드대 교수의 《정의란 무엇인가》가 100만 부 판매를 달성한 것과 이명박 대통령이 공정 사회를 강조하면서 지지도가 반등했던 것도 이와 연관 지어 해석이 가능하다.

자본주의 체제에 대한 인식은 큰 변함이 없었다. 현재 한국이 진정한 자본주의 국가라고 생각하느냐는 질문에 "아니다"라는 답변이 72%를 차지했다. 그렇다는 응답은 11.5%에서 9.6%로 줄었고 모르겠다는 답변은 15.8%에서 18.4%로 소폭 늘었다. 특정 기업에 자본이 집중돼 있는데다 과도한 정부 개입도 여전해 공정한 경쟁이라는 자본주의 시스템이 잘 작동하지 않는다고 느끼는 셈이다.

전문가들은 향후 정부부채와 가계부채가 동시에 증가하면 이 같은 불만들이 현재보다 크게 폭증할 것으로 전망했다.

이창양 카이스트 교수는 이렇게 설명한다. "생산적인 경기 부양 방안이 필요하다. 보육과 교육에 대한 집중적인 정부 투자를 한다면 국민 삶의 질도 높아질 뿐더러 내수 확대나 세수 확보도 기대할 수 있다. 향후 국민 불안을 해소하지 못하면 무분별한 복지 포퓰리즘이 난무할 것인데 정부는 불필요한 지역구 예산, 선심성 공사 예산 등은 과감히 삭감하고 생산성에 관련된 투자를 늘려야 한다."

김정식 연세대 교수는 적극적인 실질임금 상승을 대안으로 꼽았다. "성장 동력을 발굴하는 동시에 국민 불만을 달랠 수 있는 방안 중 하나는 중소기업 실질 임금 상승이다. 중소기업이 전체 근로자 88%를 고용하고 있는 만큼 세제 혜택 부여 등을 통해 중소기업 인력난을 해소하고 내수 부양도 추구해야 한다."

이런 변화는 노력에 대한 생각도 바꿔 놓았다. 우리나라 국민들은 노력과 성공은 무관하다고 생각하고 있다. 또 금전적인 부족함이 자신의 인생 목표를 방해할 것이라는 인식이 강했다. 학연이나 지연 등 사회적인 차별이 자신의 삶에 발목을 잡고 있다는 자조도 눈에 띄었다. 노력해봐야 꿈을 이루지 못하는 사회에 대한 분노가 국민들의 가슴에 자리한 것이다.

개인의 인생목표를 방해할 요소로 '노력해도 성공이 어려운 사회'가 가장 많은 응답비율을 차지했다. 중복응답을 포함해 43.3% 응답률로 압도적인 1위였다.

1~3위 모두 개인의 노력보다는 태생적인 환경이나 주변 환경에 의해 자신의 인생목표가 방해받을 소지가 많다는 응답이었다. 금전 부족이 39.4%로, 학연, 지연 등 사회적인 차별이 36.5%로 각각 2, 3위를 차지했다.

최인수 엠브레인 사장은 이렇게 설명한다. "특히 학력이 낮을수

인생목표를 방해하는 요소는 (단위=%)

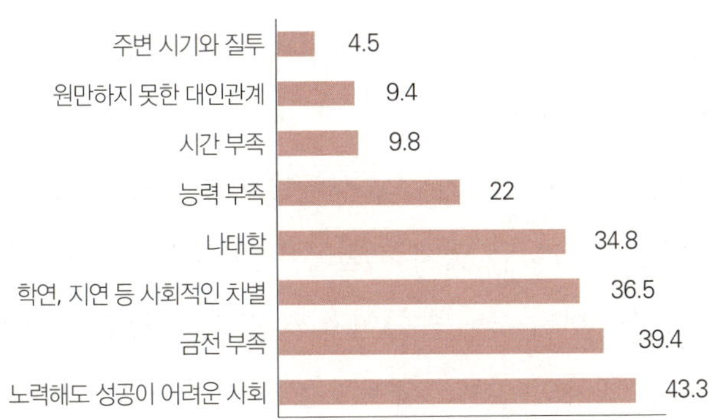

*2011년 엠브레인 1,200명 대상 조사(복수응답)

록, 소득이 낮을수록 '노력해도 성공이 어려운 사회' 항목을 꼽는 비중이 컸다. 이들 계층이 느낀 차별과 소외감이 투영된 것으로 보인다. 특히 금품 향응을 제공하거나 인맥을 활용해야 성공할 수 있다는 의식이 팽배했다. '실력보다는 비정상적인' 방법을 써야 목적을 이룰 수 있다는 것이다."

"금품이나 향응을 제공하면 목표를 쉽게 달성할 수 있는가"라는 질문에 대해 전체 응답자의 66.4%가 "그렇다"고 응답했다. "아니다"라는 답은 33.6%에 불과했다.

특히 남성 응답자, 고연령대의 비중이 절대적이었다. 남성 응답자의 70.9%가, 50~59세의 72.9%가 그렇다고 응답해 평균치를 상회했다. 또 월소득이 400만 원 이상인 계층도 70%를 육박했다. 인맥과 성공의 연관성에 대해서는 더 큰 공감대가 있었다. "인맥을 활용하면 목적을 쉽게 달성할 수 있는가"라는 질문에 무려 83.5%가 "그렇다"고 답했다. 한국 사회는 인맥에 의해 좌우된다는 속설이 그대로 맞아떨어진 셈이다.

각박한 인식은 국민 스스로 먹고 살기도 힘들다고 느끼고 있기 때문이다. 물론 예전처럼 절대적 빈곤은 아니다. 벌어들이는 것보다 남들과 경쟁을 하다 보니 씀씀이가 커진 게 문제다. 앞서 잠시 언급했지만 이번 대국민 설문조사에서는 전체 응답자의 24.9%가 먹고 입는 데도 부족한 금전을 가장 큰 걱정거리로 꼽았다. 전세값 인상 등 주거비는 24.6%를, 의료비 또는 노후대책은 22.3%를 차지해

 나는 분노한다

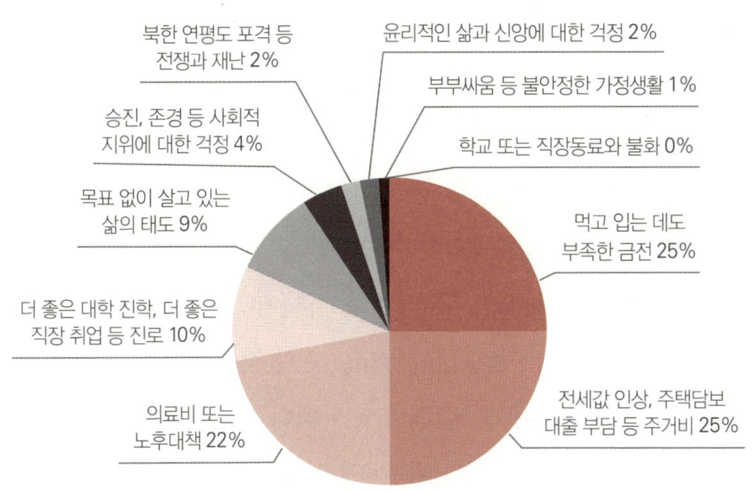

국민들의 걱정거리는 가장 기본적인 의식주에 해당하는 것으로 조사됐다. 이어 대학, 취업 등 진로는 10.5%, 목표 없는 삶의 태도는 9.1% 등이 뒤를 이었다. 한편 윤리적인 삶 1.6%나 학교 또는 직장 동료와의 불화는 0.3%로 소수 응답이었다.

이 같은 결과를 '매슬로의 5단계 법칙'의 측면에서 분석해보면 더욱 실망스럽다. 매슬로의 정의에 따르면 생리적 욕구, 안전에 대한 욕구, 사회적 욕구, 자기존중의 욕구, 자아실현의 욕구 등 1~5단계로 인간의 욕구가 나뉜다. 생리적 욕구인 1단계는 최하위 욕구, 자아실현의 욕구인 5단계는 최상위 수준의 욕구로 꼽힌다. 우리나라 국민들이 꼽은 걱정거리 1, 2위가 의식주에 해당한다. 국민들이 가장 기본적인 생리적인 욕구부터 충족이 되지 않고 있다는 것이다. 성별을 분석해보면 다소 다른 양상이 나타났다. 남성은 25.8%가 금전 문제를 꼽았지만 여성은 25.4%가 주거비 문제를 선택했다. 의료비 노후대책에 대한 걱정도 여성에게서 비율이 다소 높게 나타났다.

최인수 엠브레인 대표는 "지역별로 서울과 인천·경기 지역은 주거비문제에 대한 걱정이 가장 많았고, 그 외 지역은 주로 금전문제, 노후대책문제, 주거비문제 순으로 조사됐다"며 "학력별로 고졸 이하는 금전문제, 전문대졸과 대졸 이상은 주거비 문제를 꼽은 비중이 높았다"고 말했다.

김난도
서울대 교수

진심을 전해야, 진정성이 1번 키워드

"진정성으로 공감을 유도해 자발성을 끌어내야 합니다."

에세이집 《아프니까 청춘이다》로 캠퍼스 안 20대의 아픔을 보듬었던 김난도 서울대 소비자아동학부 교수가 매일경제 '분노의 시대' 시리즈가 내놓은 '공감 자본주의' 해법에 공감 회신을 보냈다. 2011년 11월 29일 오전 8시 국회 헌정기념관에서 열린 '제3회 국회 a.m.(assembly morning) 아카데미 강연' 연사로 나선 자리에서다. 강연 제목부터 '바보야, 문제는 공감이야'였던 이 자리에서 그는 "경제의 절대적 수준이 중요한 것이 아니라 수준에 대한 공감이 중요하다"고 강조했다.

김 교수의 공감 회신을 좀 더 자세하게 들어보자. 일부 내용은 생략했다.

진심을 전하라. 진정성이 1번 키워드다. 1번이 가장 중요한 키워드다. 진정성은 민간에서나 정치영역에서 굉장히 중요한 화두가 될 것이다. 그 이유는 정보환경이 좋아져서 그렇다. 무슨 뜻이냐 조금만 진정하지 않은 얘기는 유권자나 소비자가 조사해서 바로 증거를 제시한다. 연예인 학창시절 사진을 보면 연예인의 거짓말이 통하지 않는다. 과거에 모 그룹이 이미지 광고를 한다고 시각장애인이 높이뛰기 하는 광고를 내보냈는데 한 장애인단체에서 바로 장애인고용율을 조사했다. 업계 최하위였다. 겉과 속이 다르면 이제는 통하지 않는다.

정치인들은 자신의 진정성을 유권자들이 못 알아준다고 하지만 핵심가치에 집중하면 알아준다. 임재범을 보라. '나는 가수다'에서 단 몇 번의 노래로 전 국민을 사로잡았다. 가수가 진정성이 있다? 가수의 핵심가치는 노래를 잘하는 것이다. 이런 면에서 꽃미남도 아니고 춤도 잘 추는 것도 아니다. 단 한 가지 노래를 잘한다. 유명한 국밥집에 가보면 메뉴는 한 가지고 불친절하기도 하지만 음식이 맛있기 때문에 사람들이 찾는다.

그렇다면 정치의 핵심가치는 뭘까? 분출하는 가치관들을 조정하는 곳이 국회다. 저는 정치는 용광로든 샐러드든 갈등을 봉합하고 조정하는 것이 핵심가치라고 본다. 하지만 요즘은 정치가 갈등을 촉발하고 부추기고 이용하는 사례를 본다. 핵심가치에 어긋난다. 진정하지 않다. 본연의 기능을 상실했다고 믿으면 사람들이 진정하다고 보지 않는다. 안철수 교수 신드롬이 유명하다. 아직 만난 적도 없고 일절 관계가 없다. 내 생각에는 국회의원 모두가 안철수 교수를 미는 것 같다. 달을 안 보고 손가락을 본다. 안 교수는 손가락이다. 이제부터라도 갈등의 봉합, 조정에 매진하면 진정성을 인정해 줄 것이다.

두 번째는 겉과 속이 같아야 인정받는다. 내가 말하는 것과 행동이 일치해야 한다. 불일치는 진정성의 결여다. 기업도 SNS 마케팅 많이 하고 정치인도 마찬가지다. 하지만 운영이 쉽지 않다고 호소한다. 잘 안 된다고 호소한다. 당연하다. SNS의 핵심은 진정성과 자발성인데 이게 확보되지 않은 상태에서 아무리 재미있는 에피소드를 날려도 팔로어가 없다. 계정을 만드는 것이 중요한 것이 아니라 어떤 진정성을 담아내고 어떻게 자발성을 이끌어내는 것이 중요한 것이다.

주목을 받으려는 다양한 시도가 2012년에 보일 것이다. 자극에 홍수 속에서 잘 쳐다보지도 않는 것이 요즘 소비자다. 심지어는 노이즈마케팅도 활용하고 무플보다 악플이 낫다고 한다. 이런 시대를 주목경제라 부른다. 2012년 총선에 과거 어느 때보다 많은 사람이 출마할 것이고 주목경제 현상을 보일 것이다. 다시 한 번 말하지만 이런 환경일수록 핵심가치에 충실해야 한다. 진정성이 있어야 한다.

세대공감이 필요하고 문화계에서 가장 활발히 대처하고 있다. 문화적 공감의 폭이 늘어나고 있다. 은퇴를 시작하는 베이비부머 세대들은 과거 세대와 다르다. 이 분들은 젊을 때부터 미국팝송, 세시봉 등 문화적 혜택을 입은 세대다. 요즘 가요순위 1위는 2주일을 못 간다. 그래서 옛날 노래에서 서정성을 느끼

고 공감대가 더 크게 형성된다. 선거도 마찬가지다. 앞으로 선거는 세대이슈

가 커질 것이다. 유권자도 세대를 아울러서 공감할 수 있는 정책과 후보를 선

호할 것이다.

경제의 절대적 수준이 중요한 것이 아니라 수준에 대한 공감이 중요하다. 정

치인, 기업, 선생도 모두 마찬가지다. 나의 진정성과 소통에 대한 노력이 있을

때 공감할 수 있다.

늘어나는 분노계층
줄어드는 행복지수

인류는 행복이란 파랑새를 끊임없이 찾는 존재다. 옛 철학자들이나 선인들도 인생 목적을 행복에 두었다. 아리스토텔레스는 "행복은 덕을 좇는 영혼의 탁월한 활동"이라고 정의하기도 했다. 고대인이나 중세인들도 이런 생각에 신을 섬기고 돈을 벌고 결혼을 하고 자식을 낳았다. 모두 행복이란 명제를 풀기 위한 숙제였던 셈이다.

근대인들 역시 이런 물음을 이어갔다. 공산주의와 자본주의가 부딪히고 대결하는 냉전체제에서 자본주의가 승기를 거머쥔 까닭도 행복을 추구하는 데 더 적합한 시스템이었기 때문이다.

자본주의를 잉태한 공리주의는 '최대다수의 최대행복'이라는 철학적 명제를 발표하면서 자유무역과 국가 방임을 지지했다. 제러미

벤담의 이 같은 역발상은 19세기 영국이 직면했던 문제를 푸는 데 핵심 열쇠이기도 했다. 영국은 산업혁명, 빈곤문제, 인구 급증과 같이 산적했던 문제를 그가 제시한 선택적 희생을 용인하는 한편 다수를 행복하게 하는 방법으로 해결했다. 하지만 21세기 인류는 또 다른 의문에 직면했다.

"〈포브스〉가 선정한 미국 400대 부호들이 느끼는 행복이나 총 재산이 고작 소 몇 마리뿐인 아프리카 마사이족이 느끼는 행복은 다를 바 없다."

- 하랄드 빌렌브록《행복경제학》중에서

돈과 행복은 어떤 상관관계가 있을까? 자본주의 발달은 인류에 어떤 행복을 가져다줄까? 국내총생산(GDP)은 꾸준히 늘고 있지만 행복도 함께 올라갈까…? 이런 물음이 꼬리에 꼬리를 문다.

실제로 사르코지 전 프랑스 대통령은 2008년 2월 노벨 경제학상 수상자인 조지프 스티글리츠와 아마르티아 센, 장 폴 피투시 등 경제학자들에게 세계적인 석학들로 구성된 위원회 설립을 요청했다. 경제는 성장하고 있지만 사람들은 더 행복해하지 않는 현실을 보면서 지금껏 통계와 회계 방식이 다양한 삶의 요소들을 제대로 반영하지 못한다는 문제의식을 갖게 된 것이다. 돈과 행복, 우리 인류가 나아가야 할 방법이 무엇인지 탐색하려는 것도 바로 여기에 있다.

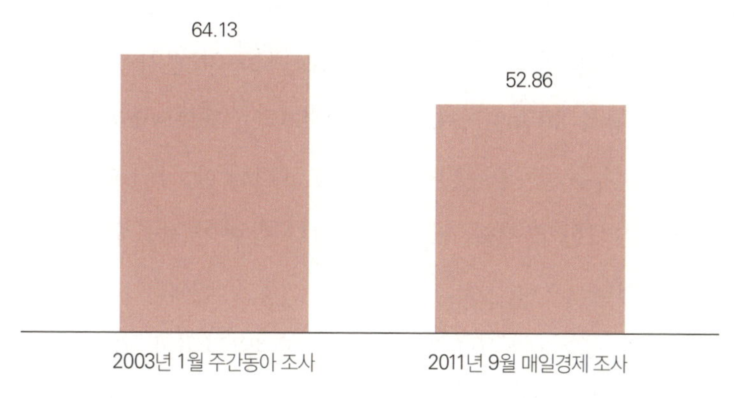

그렇다면 우리나라의 행복지수는 얼마나 될까?

2011년 매일경제가 엠브레인과 공동으로 국민 1,200명을 대상으로 행복지수를 산출한 결과 52.86점으로 나타났다. 2003년 주간동아가 산출했던 64.13점보다 17.5% 하락했다. 이번 조사는 2003년 적용한 방식을 동일하게 대입해 정확도를 높였다. 2003년 영국 심리학자 로스웰과 코언이 영국인 1,000여 명을 상대로 조사한 행복지수 공식이다. 학력이 높고, 소득이 많고, 사회적 지위가 높을수록 행복한 것으로 나타났다. 반면 지역별·성별 편차는 무시할 수 있을 만큼 낮았다. 한국 사회를 둘러싼 양극화가 지역 갈등 중심에서 소득 중심으로 급속도로 변모하고 있는 것을 시사한다.

행복지수는 600만 원 이상이 60.48점이었고 200만 원 미만 45.93점으로 나타났다. 또 경영·관리·전문직이 59.12점이었으며 무직·기타는 43.06점이었다. 상대적으로 큰 폭의 편차를 보이지 않았다. 매우행복(80점 이상), 행복(60~80점), 보통(40~60점), 불행(20~40점), 매우 불행(0~20점)인 것을 고려할 때 국민 대다수가 보통이라고 인식한 것이다. 다만 소득이나 학력이 높을수록 더욱 행복에 근접했다.

소득별로 살펴보면 200~300만 원 미만 49.54점과 300~400만 원 미만 51.89점이 50점 안팎으로 비슷한 반면, 400~500만 원 미만 55.97점과 500~600만 원 미만 55.79점이 유사했다. 가구당 월평균 소득으로 볼 때 400만 원이 넘는지 아닌지가 행복을 결정짓는 핵심 요소인 셈이다.

직업별로는 경영·관리·전문직이 59.12점으로 가장 높았다. 이어 사무·기술직 54.96점, 학생 56.26점, 자영업 50.42점, 기능·숙련공 49.35점, 주부 49.23점, 무직·기타 43.06점 순이었다. 육체노동을 멀리할수록 상대적인 행복지수가 높다는 얘기다.

최인수 엠브레인 대표는 "화이트칼라일수록 정규직일 확률이 높고 급여가 큰 것으로 보인다"며 "정규직에 대한 과잉보호와 비정규직에 대한 차별이 노동유연성을 줄이는 한편 행복지수에도 영향을 미친다"고 말했다. 학력별로는 대졸 이상 56.15점, 전문대졸 50.15점, 고졸 이하 45.22점 순이었다. 나이를 먹을수록 행복지수는 하락

소득별 행복지수

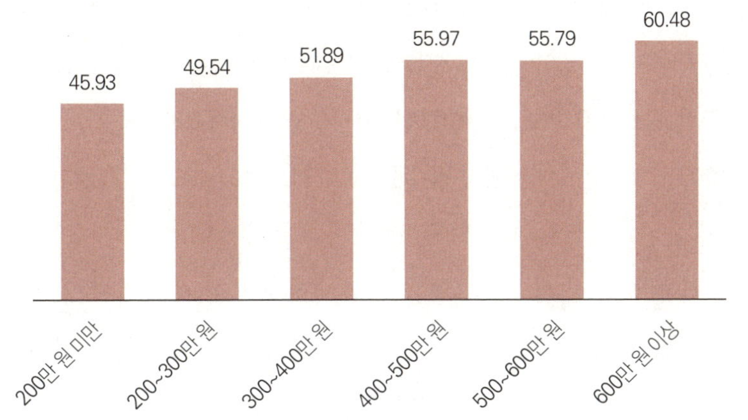

직업별 행복지수

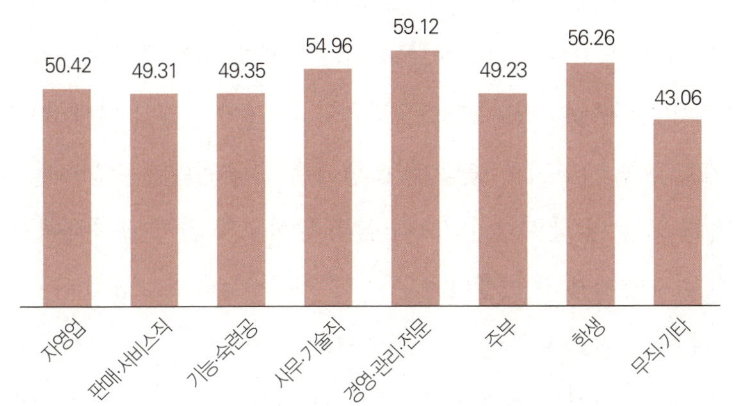

했다. 20대 54.88점, 40대 53.48점, 50대 50~59점 수준이었다.

　이전 조사와 비교할 때 경제는 성장하고 있는데 국민들은 행복하다고 느끼지 못하는 것이다. 2010년 우리나라 국내총생산(명목 GDP)은 1,172조 원으로 2003년 767조 원보다 52.8% 증가했다. 반면 2003~2011년 동안 행복지수는 오히려 17% 정도 하락했다.

　또 다른 연구에서도 행복이 꼭 경제성장과 비례하지는 않았다. 영국 싱크탱크인 신경제재단(NEF)이 발표한 행복지수는 외부 환경을 크게 고려한 것이 특징이다. 2009년 신경제재단이 143개 국가를 대상으로 발표한 자료를 살펴보면 한국은 68위를 기록해 중위권에 이름을 올렸다. GDP 규모에 비해 분명 뒤처진 모습이다.

　공교롭게도 행복은 경제 순이 아니었다. 중앙아메리카 소국인 코스타리카가 행복지수 76.1점으로 1위를 차지한 반면 미국은 114위였다. 이 같은 격차는 기대수명과 에너지 재생 수치 영향이 크다. 코스타리카는 평균 수명이 78.5세로 장수 국가에 속했고 에너지 99%를 재생가능 에너지로 충당했다. 한국은 평균 수명이 77.9세로 나이만 놓고 보면 상위권이었으나 삶의 만족도와 환경 발자국에서는 중간 점수밖에 받지 못했다.

　10위에 들어간 나라들 중 상당수가 중남미권이었다. 2위는 도미니카공화국, 3위는 자메이카, 4위는 과테말라, 6위는 콜롬비아였다. 143위 꼴등은 16.6점을 받은 아프리카 짐바브웨였다. 선진국은

국가별 행복지수 순위

순위	국명	행복지수	순위	국명	행복지수
1	코스타리카	76.1	8	엘살바도르	61.5
2	도미니카공화국	71.8	9	브라질	61
3	자메이카	70.1	10	온두라스	61
4	과테말라	68.4	20	중국	57.1
5	베트남	66.5	68	한국	44.5
6	콜롬비아	66.1	75	일본	44.3
7	쿠바	65.7	114	미국	30.7

* 전 세계 143개국 대상으로 기대수명, 삶의 만족도, 환경오염 지표 등 평가　　　　　자료=영국 신경제재단

저조했다. 네덜란드가 행복지수 50.6점(43위)으로 선진국 중 가장 높았고, 독일은 48.1점으로 51위, 프랑스는 43.9점으로 71위, 영국은 43.3점으로 74위를 차지했다. 반면 중국은 57.1점으로 20위, 인도는 53점으로 35위에 이름을 올렸다. 신경제재단은 이런 현상을 이렇게 설명한다.

"세계가 심각한 금융위기, 기후변화 악화, 원유 생산 한계 등에 직면해 있는 상황에서 우리를 인도할 새로운 지표가 필요하다. 고소비 생활방식이 돌이킬 수 없는 기후변화를 초래하기 전에 복지형 저탄소 경제를 위해 노력해야 한다."

경제규모와 행복 수준이 꼭 맞지 않은 까닭은 행복이 상대적이라는 데 있다. 이런 가정을 해보자. 당신은 두 가지 중 무조건 하나를 선택할 수밖에 없는 상황이다. 1) 당신 월급이 500만 원에서 1,000

만 원으로 오르는 데 반해 다른 이들은 1,000만 원에서 500만 원으로 줄어든다. 2) 당신 월급이 500만 원에서 1,500만 원으로 오르지만 다른 이들은 1,000만 원에서 2,000만 원으로 늘어난다.

상식을 갖고 있다면 1)번을 택할 것이다. 소득이 더 많이 늘더라도 다른 이들이 몇 곱절 불어난다면 행복하지 않을 수 있다.

비스바스 디너 머리디언라이프코칭 사장은 이런 현상에 주목했다. 예를 들면 이런 것들이다. 미국 노숙자들이 인도 노숙자들보다 열 배나 부유(?)한데도 덜 행복한 까닭은 어디에 있을까?

정답은 사회적 관계다. 인도 노숙자들이 그 상황을 더 견딜 만하다고 생각하는 이유 중 하나는 '사람'이었다. 가정과 사회적 관계가 비교적 온전하게 유지되고 있었던 것이다. 반면 미국 노숙자들은 대다수 배우자가 없거나 자식이 없었으며 있다고 하더라도 대부분 수년 동안 한 번도 만나지 못했다. 또 캘커타처럼 빈곤율이 높은 환경은 노숙자들이 덜 실패한 것으로 느끼게 만들었다. 인도 노숙자들이 살고 있는 환경이 미국 노숙자들의 환경보다 더 가난했기 때문에 상대적으로 가난하게 여기지 않았던 것이고 또 그만큼 더 행복할 수 있다는 분석이다.

행복에 효용이라는 개념을 본격적으로 도입한 인물은 리처드 이스털린 남가주대 교수다. 그의 이름을 따 경제가 성장해도 행복이 증가하는 현상을 '이스털린 역설(Easterline paradox)'이라고 한다. 리처드 레이어드 런던정경대 교수는 행복에 대해 비슷한 관점을 제시했다. 세계 제2차대전 후 50년간 미국인 1인당 국내총생산(GDP)이 세 배 가까운 수준으로 늘었다. 하지만 얼마나 행복한가를 묻는 설문 조사에서 매우 행복하다는 응답은 비슷했다.

물론 경제 성장이 행복도를 올리지 못하는 것은 아니다. 먹고살기에 급급한 나라들은 소득과 행복의 상관관계가 매우 높다. 병원 치료를 받지 못해 사망하는 사람들이 많은 국가들은 병원 건설을 통해 경제성장과 국민 행복지수를 높일 수 있다. 하지만 병원 수가 포화되면 의료와 관련된 행복은 한계에 부딪힌다. 소득 수준이 어느 정도를 넘어서면 관계가 느슨해지는 셈이다. 자본주의 체제가 유지되고 또 한 번 세계가 동반 성장을 달성하려면 이 문제에 대한 해법이 나와야 할 것이다.

경제학자들은 대체로 소득이 증가해도 행복이 함께 늘지 않는 까닭을 습관화 과정에서 찾는다. 인간은 풍요로운 환경에 적응하면서 기대 수준을 높이는 것이 한 원인인 셈이다. 1960년대 결혼을 앞둔 예비부부는 혼수품으로 재봉틀을 구입하면 으뜸 재산으로 여기고 만족했지만, 오늘날 이런 국민은 없는 것이 대표적 사례다. 여기에 더해 성장의 질이 나쁜 것이 한몫을 한다.

2011년 8월 한국개발연구원(KDI)이 발표한 보고서에 따르면, 우리나라 삶의 질 지표는 39개국 중 27위로 나타났다. 의료접근성(인구 1,000명당 의사 수)과 유아사망률, GDP대비 의료비 지출 등으로 평가하는 보건지표는 28위 수준이었다. 또 상대빈곤율도 24위로 집계됐다.

경제성장을 모색하면서 삶의 질도 개선할 수 있는 윈-윈 방법이 절실하다는 얘기다. 박재완 기획재정부 장관이 추진하고 있는 8~5제(오전 8시 출근해 오후 5시 퇴근)도 한 방법이다. 일찍 출근하는 대신 일찍 퇴근한다면, 퇴근 직후 여가시간을 충분히 확보할 수 있다. 가족 외식이나 취미 활동 시간이 많아져 자연스럽게 내수 산업 성장으로 이어질 수 있다는 대목이다. 또 시간제 근무제나 근무시간 선택제 등 유연근무제 확대도 대안이다. 개인적으로는 노동 만족도가 높은 데다 노동 유연성을 높여 생산성 향상도 기대할 수 있다.

유복환 재정부 정책조정국장은 "성장에도 질이 있다"고 강조했다. 그는 "한국 경제는 수출 중심이다 보니 오늘날 성장이 일자리 창출로 이어지지 않고 있다"면서 "결국 내수를 통한 일자리 창출이 대안이다"고 설명했다.

당신의 행복지수는 몇 점인가요

영국 심리학자 캐럴 로스웰과 인생상담사 피트 코언은 한 가지 실험을 했다. 남녀 1,000명을 상대로 80가지 상황에서 자신을 더 행복하게 만드는 5가지 조건을 고르게 하는 실험이었다. 그 결과 행복은 인생관과 적응력, 유연성 등 개인적 특성을 나타내는 P지수(Personal), 건강과 돈, 인간관계 등 생존조건을 가리키는 E지수(Existence), 야망과 자존심, 기대감, 유머 등 고차원 상태를 의미하는 H지수(Higher order) 등 3가지 요소로 구성되는 것으로 파악했다.

문항은 다음과 같다. 질문을 읽고 그렇다고 생각할수록 10점, 그렇지 않다면 0점에 가까운 점수를 부여하면 된다.

① 나는 외향적이고 변화에 유연하게 대처하는 편이다. (P지수)

② 나는 긍정적이고, 우울하고 침체된 기분에서 비교적 빨리 벗어나며 스스로 잘 통제한다. (P지수)

③ 나는 건강, 돈, 안전, 자유 등 나의 조건에 만족한다. (E지수)

④ 나는 가까운 사람들에게 도움을 청할 수 있고, 내 일에 몰두하는 편이며, 내가 세운 기대치를 달성하고 있다. (H지수)

만점은 40점이지만, E지수와 H지수는 점수에 가중치가 있다. E지
수에는 5를 곱하고 H지수에는 3을 곱한 뒤 1번부터 4번까지 더하
면 행복지수다. 즉 P+(5×E)+(3×H)라는 공식이다. 만점은 100점
이다.

대한민국 국민은 부유층과 저소득층을 가리지 않고 행복하지 않
다고 느끼는 것으로 조사됐다. 매일경제가 온라인 리서치업체 엠
브레인과 공동으로 실시한 행복지수 설문조사에 따르면 학력이
높고, 소득이 많고, 사회적 지위가 높을수록 행복감이 컸지만 행복
의 정도에 있어 큰 차이가 있지는 않았다.

강원도 산골 영월과
교육 1번지 목동의 행복지수

강원도 영월군 하송리에서 두 남매를 키우는 47세 남보배 씨 부부. 이들의 한 달 여가비는 130만 원이다. 주말이면 테니스와 래프팅, 오토캠핑을 즐기고 일주일에 두세 번씩 친구나 직장 동료와 회식을 한다. 저렴한 생활비 덕분이다. 남 씨 가족의 주거비는 월 10만 원도 안 되는 아파트 관리비가 전부다. 102㎡(약 31평)짜리 아파트는 6년 전 6,000만 원을 주고 샀다. 사교육비는 고등학교 2학년인 큰딸이 이용하는 인터넷 강의료 4만 5,000원뿐이다. 49세 남편과 함께 버는 월소득(약 500만 원) 중 60%인 300만 원이 남는다.

서울 양천구 신정동에 사는 44세 송미숙 씨(가명) 부부는 남 씨 부부와 비슷한 소득을 올리고 있지만 영화 감상이나 쇼핑 같은 여가비에 쓸 수 있는 돈은 100만 원도 채 되지 않는다. 2001년 구입한 79㎡(24평)짜리 아파트 대출 이자로 한 달에 60만 원이 나가고 두 딸 사교육비로 한 달에 150만 원이 나간다. 자녀 대학 등록금을 마련하기 위해 붓고 있는 월 적금 70만 원과 보험료를 빼면 실제로 남는 돈은 200만 원도 채 되지 않는다. 생활비를 아껴야 겨우 100만 원 정도 여가비가 나온다. 송 씨는 얼마 전부터 대형마트에서 아르바이트를 시작했다. 여기서 버는 150만 원은 꼬박 자녀 사교육비에 쏠 계획이다.

이런 행복도 차이는 송 씨와 남 씨 부부에 국한된 이야기가 아니었다. 2011년 10월 매일경제는 여론조사전문기관인 엠브레인에 의뢰해 서울 목동과 강원도 영월 지역 행복도 조사를 실시한 결과 스스로 행복하다고 느끼는 목동 주민 비중은 영월 주민에 미치지 못했다.

조사는 2011년 10월 13~15일 서울 목동과 강원도 영월에 거주하는 20세 이상 성인 남녀 137명을 대상으로 실시됐다. 95% 신뢰수준에 오차는 ±8.37%포인트다.

소득구간별로 가장 많은 주민이 분포된 월소득 400~500만 원대 목동 주민(25%) 행복지수는 54.6이었다. 영월 주민 가운데 절반 이상(51%)을 차지하는 200만 원 미만대 소득 주민들 행복지수(56.4)보다도 낮은 수준이다.

서울특별시 양천구 목동. 서울 시내 중산층의 대표적인 주거지 중 한 곳인 이곳은 서울 강남 3구와 더불어 교육 일번지로 불리는 곳이다. 하지만 2만 5,000가구의 목동아파트 단지 바깥사람들에게는 이런 미명이 도리어 반갑지 않다. 단지 안팎 아파트 간 차별이 엄청나기 때문이다.

'목동아파트 단지에 사는가, 아니면 단지 밖 주택에 사는가'로 시작된 목동의 차별은 하이페리온이나 트라펠리스 같은 주상복합형 아파트가 등장하면서 더욱 심해졌다. 단지 내 사람들도 다 똑같지는 않다. "누구네는 20평에 산다더라", "누구는 45평에 산다더라"는 것 때문에 스트레스를 받는 엄마도 많다. '전세냐, 자기 집이냐'를 놓고도 '구분 짓기'가 심하다.

너도나도 쏟아 붓는 사교육비 전쟁에 중견기업 차장의 아내인 41세 전모 씨의 마음고생은 이만저만이 아니다. 유치원 때부터 교육에 모든 역량을 투입하는 동네 학부모들을 보면서 다니던 직장까지 그만두고 전업주부의 길로 들어섰지만 자녀들이 초등학교 고학년이 되자 생계가 막막해졌다.

"남편 월급으로는 생활비 하기에도 모자랍니다. 엄청나게 오른 전세금 때문에 대출을 더 받아야 해요."

그는 "목동에서 애들을 키우다 보니 교육비가 너무 많이 든다"고 하소연했다. 하지만 전 씨는 "내 자식이 학교에서 기죽는 게 싫어서 학원을 보내기 시작했다"고 말했다. 그는 "영어, 수학만 보내던 것이 점점 과목이 늘면서 학원비가 지금은 감당하지 못할 지경"이라고 덧붙였다. 이것이 전 씨가 최근 화장품 방문판매 아르바이트를 시작한 이유다. 자녀 교육 때문에 그만뒀던 일자리를 그는 똑같은 이유로 다시 갖게 된 것이다.

목동의 한 대형마트에서 일하는 35세 박모 씨는 3년 전 목동아파트 3단지 28평 아파트로 이사했다. 불과 200m 앞에 S중학교가 있는 곳이다. 그러나 아들은 여전히 화곡동에 있는 Y중학교에 다니고 있다. 화곡동에 살던 시절에 배정받은 학교를 그대로 다니는 것이다. 사교육이 심각한 목동 학교에 오면 성적이 떨어질까 걱정이 돼서다.

아이들에게 더 나은 환경을 만들어 주겠다고 온 목동이지만 박 씨는 생활이 "각박하다"고 말했다. 안정적인 생활을 위해서 자신도 마트에 일자리를 얻어야 했다.

직업군인인 남편을 따라 전국을 누볐던 박 씨는 아이와 함께 섬 생활을 했던 과거가 더욱 행복했다고 회상했다. 낚시도 가고 자연 체험을 했던 시절이 교육에 도움이 됐다는 것이다.

"이곳에 와서 영어, 수학 등 주요 과목을 더 잘하지만 '삼일절이 무슨 날인지' 같은 기본적인 상식은 오히려 없어집니다. 공부만 시키다 보니 운동도 잘 못합니다."

중학교 3학년생 15세 이모 양은 "영어, 수학, 사회, 과학, 일본어 등 학원을 다닌다"면서 "나는 반에서 많이 하는 편도 아니다"고 말했다. 이 양은 "반에 7~8개 정도 학원 다니는 애들도 있다"면서 "학업의 압박으로 스트레스가 심하다"고 말했다.

월요일 오전 8시 반이면 한 무리의 어린 학생들이 여행용 트렁크 가방을 끌고 초등학교로 들어가는 풍경을 어렵지 않게 볼 수 있다. 수학여행을 가는 게 아니다. 등교용 가방이다. 학교를 마치고 학원을 가야 하는데 교재가 많아서 트렁크 가방을 이용하는 것이다.

각박한 삶을 피해 목동을 떠난 이들이 생겨나는 이유다. 58세 노모 씨는 최근 목동 집을 정리하고 구로동으로 이사를 갔다. 그는 "1986년도에 목동 원주민으로 들어왔지만 대통령이 집값을 잡겠다

올라가는 국민소득, 떨어지는 행복지수

서울 양천구 목동에서 어린이들이 등교하고 있는 모습.

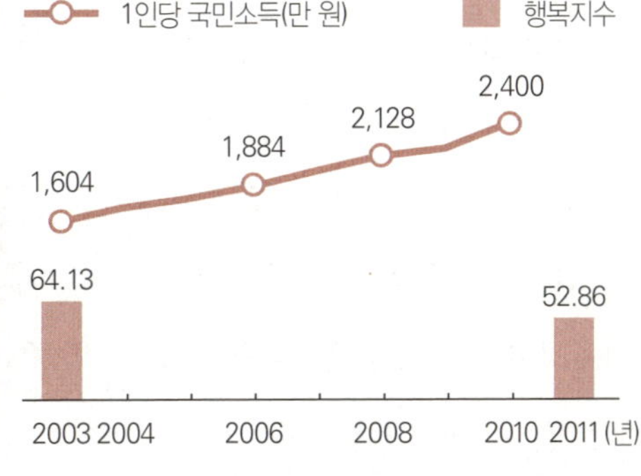

*행복지수 2011년 매일경제, 2003년 주간동아 발표.
자료=통계청(국민소득)

는 말을 해 1989년에 집을 팔았다"면서 "그 후 목동에서 전세를 전전하며 고생을 했다"고 말했다. 자신이 팔았던 그 집을 사기 위해 수년간을 힘들어 했던 노 씨는 "억울했지만 자녀 교육 때문에 목동을 떠날 수는 없었다"고 덧붙였다.

자녀를 다 키운 노 씨는 목동을 떠나기로 결심했다. 그는 목동과 다리 하나를 사이에 둔 구로동에서 같은 값이지만 넓은 평수의 아파트를 샀다. 노 씨는 "구로구는 교통이 좋고 살기가 편한데도 생각 외로 집값이 매우 쌌다"면서 "지금은 마음이 너무 편하다"고 말했다.

서울 목동 대신 '행복도시'로 각광받고 있는 곳은 영화 〈라디오 스타〉에서 몰락한 가수 최곤(박중훈)의 유배지로 그려졌던 영월군이었다. 1989년 석탄산업 합리화 조치 이후 좌절과 분노가 흘렀던 영월. 이 지역 산업의 아이콘이었던 영월화력발전소는 1998년 12월 문을 닫았다. 2006년까지 연간 순이동 인구(전출인구에서 전입인구를 뺌)가 많게는 1,000명을 넘어설 정도로 쇠퇴를 거듭했던 영월에 다시 사람들이 몰려들고 있다.

영월군에 따르면 영월군 인구는 2007년 기준 4만 595명으로 40년 전인 1967년 12만 5,414명의 3분의 1 수준으로 급감하다 2008년 4만 475명, 2009년 4만 522명, 2010년 4만 407명으로 4년째 4만 500명 안팎의 인구가 유지되고 있다. 전체 인구의 20% 이상에 달하는 65세 이상 고령자 사망에 따른 인구 감소를 감안하면 이 같은 인구 추이는 사실상 '증가'인 셈이다.

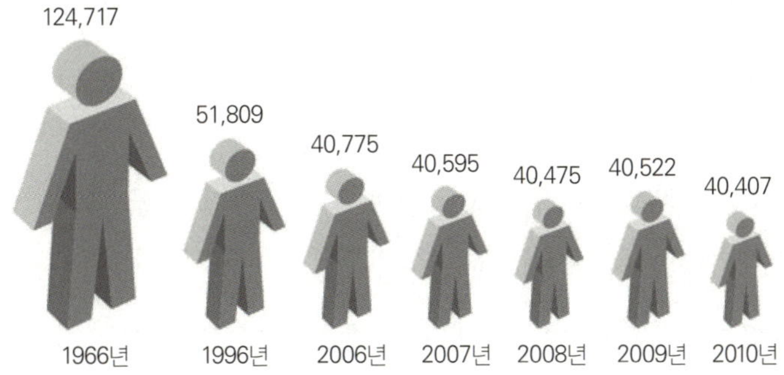

분노를 희망으로 바꿔 놓은 반전은 영월 안에서도 오지에 속하는 영월읍 덕평리 7개 학급의 작은 학교에서 이뤄졌다.

강원도 영월군 덕평리 374 일대 봉래중학교. 장응익 교감이 2008년 9월 교감으로 부임했을 때 이 학교는 거의 폐교 직전의 상태였다. 학생 수는 매년 25%씩 줄었고, 전교생 3분의 1은 술을 마시거나 담배를 피웠다.

장 교감은 "중학교까지만 믿고 맡겨 달라"며 학부모들을 설득했지만 "당신들이 (우리 아이) 책임질 것이냐"며 멱살을 잡히기 일쑤였다. 중학교 진학자의 이탈을 막으려 하자 학부모들은 아예 초등학교 때부터 덕평리를 떠나는 방법으로 응수했다.

방법은 공교육을 살리는 길뿐이었다. 오후 6시면 버스가 끊기는 덕평리에서 방과 후에도 학생을 붙잡기 위해서는 교통문제 해결이 필수였다. 당시 학생은 100명을 조금 넘기는 정도였다. 장 교감은 '택시'를 택했다. 장기계약을 하면 하루 1만 7,000원(2011년 기준 2만 원)으로 택시 한 대를 빌릴 수 있었다.

그 길로 장 교감은 박선규 영월군수를 찾아가 담판을 지었다. 집이 먼 학생들은 택시에 태워 집으로 보내고, 저녁식사는 인근 식당에서 배달을 시켜주겠다고 했다. 월 570만 원. 서울 강남에선 두 집 사교육비에 해당하는 이 돈을 주면 110여 명 학생들의 공교육을 살리겠다고 공언했다. 번뜩이는 맞춤형 복지 아이디어에 군수도 맞장구를 쳤다. 교사들은 정규 수업시간이 끝나면 방과 후 학생들의 '과외 교사'로 변신했다. 미국 명문대나 사범대에 다니던 인근 군부대 병사들도 명예 방과 후 교사 대열에 합류했다.

결과는 대성공이었다. 2008년 12월 학력평가에서 이 학교 1·2학년 학생 각각 1명이 강원도 전체 수석을 차지했다. 이듬해에는 특목고 진학자도 나왔다.

떠나려던 학부모들이 가장 먼저 마음을 접었다. 이어 인근 중학교로 전학했던 학생이 돌아왔고, 어떤 학부모는 인천, 경기 등 수도권에서 자녀의 손을 잡고 봉래중학교로 전학을 왔다. 봉래중학교 학생 수가 2009년 107명에서 2010년 117명, 2011년 133명으로 급증한 이유다.

봉래중학교의 기적은 영월군 전체로 확산됐다. 2008년 인근 신천중학교는 학생들 일부에게 뉴질랜드 어학연수를 지원하기로 했다. 2011년 여름부터는 영월교육지원청 차원에서 영월 관내 모든 학교 학생들을 대상으로 어학연수를 시작했다.

원주고등학교, 강릉고등학교, 춘천고등학교 등 강원 도내 이른바 '빅3' 고교로 떠나던 우수 학생들도 영월고등학교나 석정여자고등학교 등 군내 학교로 진학하기 시작했다. 이에 따라 영월고등학교 학생 수는 2009년 340명에서 2010년 356명, 2011년 359명으로 꾸준히 증가했다.

학원강사로 직업이 '사교육'인 40세 이재명 씨는 아들 교육 때문에 영월을 선택한 사례다. 2009년 말 당시 중학교 1학년이던 아

되살아나는 영월 공교육 전교생 (단위=명)

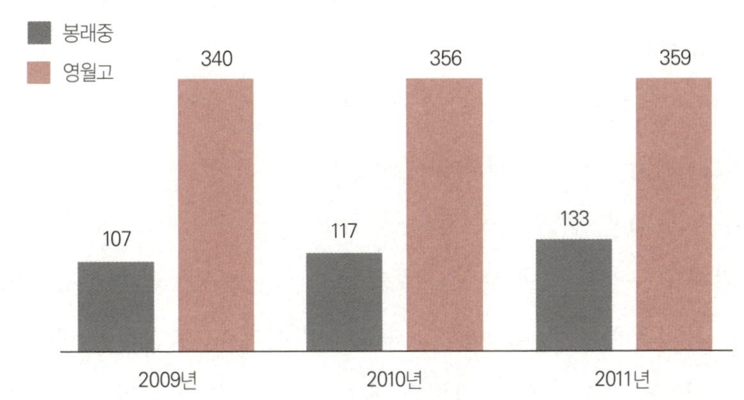

들을 데리고 이사를 왔다. 이 씨는 "지금 영월에서 벌 수 있는 돈은 120만 원에 불과하지만 이 돈으로 아들 교육이고 생활이며 뭐든지 할 수 있다"고 말했다.

한때 '강남 아줌마'였던 45세 주부 김복기 씨는 직장을 옮긴 남편을 따라 영월로 이사 오면서 두 자녀의 교육비가 10분의 1로 줄었다고 했다. 서울 반포에 살았던 김 씨는 사업을 하는 남편에게 받았던 생활비 500만 원 중 80%를 두 아이의 사교육비로 지출했다. 김 씨는 "옆집 아이가 새로운 학원을 다니면 조바심이 나서 우리 아이에게도 (학원을) 추가하게 됐다"며 "일종의 중독이었던 것 같다"고 회상했다.

영월의 교육 활성화는 산업·고용 확대의 핵심 모멘텀으로 작동했다. 학교가 살아나자 사람들이 돌아오고 집이 생긴다. 인근 원주 등지에 집을 마련하고 영월로 출퇴근하던 사람들이 공교육이 살아남에 따라 되돌아왔고, 이로 인해 주택 수요가 급증했기 때문이다. 공급도 따라서 늘어났다.

일할 사람들과 살 만한 집이 생기자 수백 명 단위 고용창출 효과가 있는 기업들도 이곳에 속속 들어섰다.

'투자의 귀재' 워런 버핏 버크셔 해서웨이 회장이 텅스텐 단일 규모 최대 규모 매장량을 자랑하는 영월군 상동읍 상동리 상동광산에 최근 거액의 투자를 결정한 게 대표적인 사례다. 영월군은 단순히 채굴권만 빌려주는 식이 아니라 제2차 산업시설까지 영월에 유치하기로 했다. 교육과 주거 인프라스트럭처가 되살아났기 때문에 가능한 일이었다.

2001년부터 2010년까지 영월군으로 귀농한 가구 234가구 중 115가구가 2010년에 귀농했을 정도로 최근 영월군으로 귀농이 급증한 것도 이 같은 이유에서다. 강원도 안에서도 1위다. 50대뿐 아니라 30·40대도 시골에 터전을 꾸리고 있다.

박선규 군수의 '공감(共感)' 능력도 영월을 다른 지역과 차별화하는 요인이다. 영월중학교와 영월고등학교를 나온 박 군수는 영월군청 9급 공무원으로 시작해 2006년 2월 영월읍장으로 퇴직하기까지 줄곧 영월군 주민이자 영월군 공무원으로 생활해왔다. 군내 초등학생 상당수는 지나가는 박 군수를 알아보고 "안녕하세요"라고 인사를 한다. 2006년부터 5년째 영월군수를 맡아서가 아니라 1957년 영월에서 태어나 반세기 이상 영월에서 배우며 일하고 살아왔기 때문이다.

강원도 영월군 봉래중학교에 다니는 한 여학생이 '창의적 체험활동' 수업시간에 평면 작품을 3차원의 입체 작품화하는 '섀도박스'를 만든 후 활짝 웃고 있다.
자료=봉래중학교

명사 12명이 답하다

분노 리포트를 발간하기에 앞서 필자들은 국민들과 끊임없이 소통했다. 국민들이 원하는 주장이 진짜 맞는 것인지, 그리고 나아가야 할 방향이 무엇인지 우리 스스로 답을 찾기에는 분노라는 테마가 너무나 크나큰 주제였기 때문이다. 몇몇 독자들과 대화를 나눠보니 지금부터라도 노력이 필요하다는 주장이 많았다. 특히 대한민국 미래인 청소년들이 건강한 사회 구성원으로 자랄 수 있도록 준비해야 한다는 조언이었다. 공정한 사회로 발전해야 한다는 주장도 많았다. 하지만 무차별적인 포퓰리즘 정책에 대해서는 책임감 없는 주장이며 오히려 독이 될 것이라는 입장들이 주류를 이뤘다. 이에 몇몇 독자와 주고받은 내용을 소개한다.

- 이근면 삼성광통신 고문

대한민국 미래상을 고민해야 할 중요한 시기에 모처럼 잘된 기획물이 나온 것 같다. 모자라고 못마땅하고 덜 만족하는 것을 분노라고 총칭했는데 분노는 사회에 굉장히 위험할 수 있다. 국민의 분노를 다스리기 위해서는 공정한 사회로 발전해야 한다고 본다. 우리 미래인 청소년들이 건강한 사회에서 살아갈

수 있기를 바란다.

- 정병석 전 한국기술교육대학교 총장

사례 중심으로 종합적인 문제 제기를 했다. 근본적인 해결책이 담기길 기대한다. 경제 문제와 포퓰리즘 같은 정치적인 문제, 개인주의 관행 때문에 삶의 만족도가 떨어지고 있고 국민 분노도 쌓여 가고 있다. 개인적으로 일자리로 풀어야 한다고 본다. 나는 '사회통합 노동시장정책'을 제안하고 싶다.

- 강호인 조달청장

'분노의 시대'를 읽고 국민들이 얼마나 답답하게 느끼는지 잘 이해했다. 특히 변화에 대한 요구를 잘 읽을 수 있었다. 다만 물질적인 빈곤 문제는 경제 성장을 통해 해결하고 있고, 향후 상대적인 박탈감은 우리가 풀어나가야 할 숙제로 보인다. 공동체 가치관에 대해 국민들에게 화두를 던졌으면 한다.

- 이원우 서울대 법학전문대학원 교수

'분노의 시대' 기획은 우리 사회 투시도다. 2011년 대한민국에는 합리와 비리, 문명과 야만이 공존한다. 세계 1위 상품, 한류문화, 글로벌 정상 스포츠, 주요 20개국(G20) 등으로 상징되듯 우리는 세계 주변에서 중심으로 진입하고 있다. 하지만 분노의 시대에서 파헤친 것처럼 그 이면에는 부조리가 만연해 있다. 관건은 공정한 룰을 세우는 것이다.

- 김태욱 타이거하우징 대표

주택 부문에서 공감이 컸다. 지금은 집을 가진 사람이나 없는 사람 모두가 패자인 상태다. 최근 전세 광풍은 근본적으로는 수급 문제이고 매매가 살아나야 해결된다고 본다. 정치적 이해를 떠나 주택시장이 거래가 되도록 정부가 나서야 서민들이 피해를 보지 않는다. 전세난의 가장 큰 피해자는 결국 서민들이기 때문이다.

- 임수익 삼진플라스틱 사장

저소득층과 고소득층 양극화도 문제지만 지방과 수도권 간 격차도 문제가 많다. 지방은 대기업들이 더 이상 추가 투자를 하지 않으면서 중소기업이든 하도급업체든 옛날에 비해 눈에 띄게 줄어들고 있다. 너무 수도권 중심으로 돌아가다 보면 젊은 인력도 모두 서울로 빠져나가게 되어 있다.

- 정한울 EAI여론분석센터 부소장

여론조사 결과들을 관찰하다 보면 경제에 대한 강한 불만, 극도의 정치불신, 극심한 사회적 불안과 같은 네거티브 요소들이 눈에 들어온다. 이번 시리즈는 집단 화병(火病) 증세에 대한 종합진단보고서다. 다만 정치적 요인에 대한 진단이 없어 아쉬웠다.

- 장진영 변호사(대한변협 대변인)

많은 서민이나 소비자들을 대리해서 소송을 진행하다 보면 우리 사회에 불합리한 문제가 많음을 알 수 있다. 원칙이 없어서다. 분노가 팽배한 시기에 적절하게 매일경제에서 잘 짚어준 것 같다. 특히 정상적인 사회라면 지출하지 않아도 될 사교육비 같은 비용이 마치 늪과 같이 돈을 빨아들인다. 대책도 그런 부분에 집중할 필요가 있지 않을까 싶다.

- 박세정 연세대 가치경영연구센터 선임연구원

이번 시리즈는 탁월한 효자손을 건네며 '이래서 우리가 분노하고 있구나'라며 무릎을 치게 만들었다. 개인적으로 기업의 사회적 책임과 시민의식이 제대로 굴러갈 때 이런 분노가 사그라질 것으로 본다. 한국이란 독수리가 저 높은 창공으로 비상하기 위해서는 분노와 갈등이란 오른쪽 날개와 함께 용서와 관용이란 왼쪽 날개도 있어야 한다.

- 이상원 국회의원 비서관

심층적 분석이 좋았다. 사람들이 어떤 것에 왜 분노하는지 다양한 사례로 잘 다뤘다. 키워드는 분노였지만 오늘 시대에 흐르는 전반적인 사회상이 제대로 드러난 듯하다. 해법 제시가 중요할 것 같다. 워낙 현재 한국 사회에 만연한 불만과 분노가 해법을 보여주기 어려운 것이긴 하지만 대략의 방향성이나마 제시하길 기대해 본다.

- 노경미 학원강사

30~40대가 느끼고 있는 주거문제를 다룬 부분은 개인적으로 크게 공감했다.

주택가격이 상승할 것이라는 기대감 혹은 더 오르기 전에 내 집 마련을 해야 한다는 생각에 빚을 내 아파트 분양을 받고 이후 소위 하우스 푸어가 된 것을 개인문제가 아닌 사회문제로 끌어안고 고민해 보자고 한 것은 독자 입장에서 바람직했다.

- 이소진 국립전통예술고등학교 강사

고학력을 요구하는 사회 분위기 탓에 대학원까지 나왔지만 직장 고민, 결혼 고민, 주택 고민 등 삶의 전 과정에서 고민이 생겨난다. 돈이 많고 적고를 떠나 모든 사람이 분노하고 있다는 점에서 기사에 큰 공감이 간다. 우리 미래인 청소년들이 어떤 생각을 하는지에 대한 분석도 해줬으면 좋겠다.

Part 2

돈이 있어도
즐길 수는 없다

중산층 지출 리포트
우리는 어떻게 소비하나

'벌어도 벌어도 써야 할 돈이 너무도 많다.'

힘겹게 중산층에 올라섰지만 여유를 찾을 수가 없다. 식료품 물가는 멈출 줄을 모른다. 통신비와 기름 값은 아무리 아껴도 계속해서 불어난다. 자녀는 곧 비용이다. 갓 태어났을 때는 육아비가, 중·고등학생 때는 학원비가, 그리고 대학생이 돼서도 취업을 할 때까지 끝도 없이 돈이 들어간다.

힘겹게 번 돈은 결국 나를 위해 소비하지 못한다. 소득은 늘어나도, 자신의 여가활동에 들이는 비용은 제자리걸음이다. 벌어도 벌어도 부족한 '욕구불만형 소비'에 빠져든 것이다.

매일경제가 한 카드사 회원 1,550만 명의 카드 소비지출을 분석해보니 이 같은 가정은 현실로 드러났다. 소득이 늘었다지만 자신의 의지와 상관없는 '강요된 지출'도 함께 늘었다.

41세 주부 임희연 씨는 희망을 잊고 산 지 오래다. 남편은 연봉 6,000만 원을 받는 회사원이지만 가계부는 언제나 적자다. 남편의 월급이 해마다 오르고는 있지만 두 아이의 교육비만 연간 1,000만 원이 들어간다. 아이들을 남들보다 못나게 키울 수는 없다는 생각에서다. 날마다 뛰는 식료품 값에 숨은 막혀만 간다. 결혼 10주년을 기념해 해외여행을 꿈꿨지만 임 씨는 결국 꿈을 접고 말았다. 임 씨는 "남편 연봉이 적다고 생각해보진 않았지만 여행은커녕 취미생활조차 즐기지 못하는 게 현실"이라고 말했다.

80대 노모를 부양하고 있는 53세 김수현 씨는 늘어나는 병원비에 매일이 초조하다. 노모가 장수하기를 바라면서도 한편으로는 갈수록 얇아지는 지갑에 처량한 마음을 느낀 적이 한두 번이 아니다. 큰 병을 앓지 않아 감사하는 마음이지만, 백내장, 틀니, 건강검진 등 때마다 들어가는 의료비용이 만만치 않다. 김 씨는 "어머님이 오래 사시기를 바라는 마음엔 변함없지만 의료비용이 늘어나니 그만큼 부담이 큰 것도 사실"이라며 "형제들끼리 나눠서 보태고는 있지만 다들 어렵긴 마찬가지다"라고 털어놓았다.

늘어난 소비는 삶의 질 향상으로 연결되고 있을까?

2008년 10월부터 2009년 6월, 그리고 2010년 10월부터 2011년 6월까지의 기간 동안 한 카드사 회원들의 소비처를 분석했다. 그 결과 교육·육아비 비중이 두 배 이상 늘어난 반면 문화·취미·여가활동의 비중은 제자리걸음을 하거나 뒷걸음질을 쳤다. 2년 새 소득은 늘었지만 '여윳돈'이 없었던 것이다.

전체 신용카드 이용액은 2년 사이 약 15조 4,000억 원가량이 증가했다. 그만큼 지출은 증가했지만 실제 소비비중을 뜯어보면 전혀 그렇지 않다. 소득 증가에 따라 식료품 비중은 줄고 문화비 비중이 늘어난다는 '엥겔 계수'는 한국에서 통하지 않았다.

우선 육아용품, 아동용품, 자녀교육, 학원비 등 교육·육아비 비중은 2.7%에서 6%로, 통신·공과금 비중은 9.2%에서 10.3%로 상승했다. 이와 반대로 자기 자신에게 쓸 수 있는 '여윳돈'의 비중은 떨어졌다. 의류구입은 2.52%에서 2.04%로 비중이 하락했고, 외식은 11.63%에서 10.78%로 줄었다. 여행은 2.03%에서 1.99%로, 취미활동은 0.95%에서 0.87%로 뒷걸음질을 쳤고, 레저활동은 2.49%에서 2.40%로, 스포츠활동은 1.11%에서 0.9%로 낮아졌다.

2008년 10월부터 2009년 6월까지의 기간은 글로벌 금융위기의 여파로 소비시장이 최악의 불황기를 맞았던 시기다. 이후 2010년 10월부터는 금융위기의 그늘을 서서히 벗어나기 시작했다.

심각한 불황기를 벗어나 소득은 늘었지만 늘어난 소득은 고스란히 자녀교육·생활비로 빠져나간 것이다. 2년간의 지출증가분만 따로 떼어놓고 살펴보면 이 같은 경향은 더욱 극명하게 나타난다. 육아·자녀교육 관련 항목에는 2년 사이 증가분 15조 4,000억 원 가운데 14.7%인 2조 2,700억 원가량이 쓰였다. 돈을 버는 족족 육아·교육비로 쏟아 부었다는 것이다.

카드사 관계자는 "육아보조금 등의 지급 목적으로 유치원비에 대한 카드결제 건수 자체가 늘어난 것도 영향을 미친 측면이 있다"면서도 "이들 교육비에는 중고생 학원비뿐 아니라 토익, 토플 등의 비입시용 전문학원비도 포함돼 있어 대학생들이 다니는 학원비도 포함된다"고 말했다.

늘어난 카드 지출액에는 물가상승으로 어쩔 수 없이 늘어난 '필수 품목'의 비중도 단연 높았다. 식료품에는 늘어난 지출여력 중 11.9%가 쓰였다. 이는 1조 8,300억 원에 해당하는 것으로 물가상승분이 고스란히 반영된 것으로 풀이된다.

주유비와 외식비 역시 마찬가지다. 이들 항목 역시 각각 8.5%의 높은 비중을 차지했다. 주유소 평균 주유비가 이 기간 중 16% 이상 상승하고, 식료품값이 고공행진을 하면서 식당에서 판매하는 음식값도 급등한 데 따른 것이다.

통신비는 말할 것도 없다. 통신요금은 2년간 지출 증가분의 7.4%가 해당할 정도로 큰 비중을 차지하고 있다.

의료비 지출도 빼놓을 수 없다. 의료비는 카드이용액 증가분 중

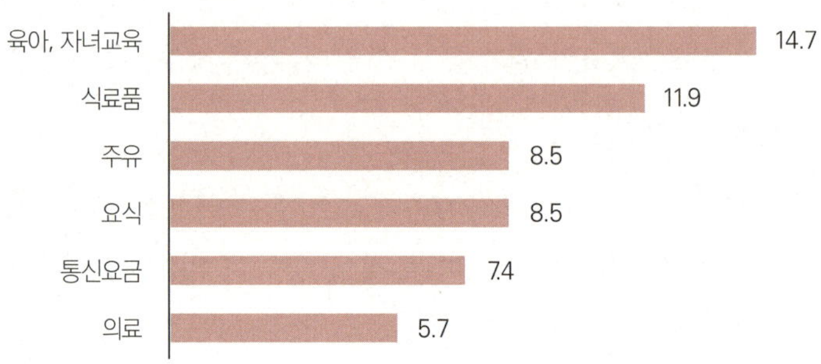

8,800억 원에 해당하는 5.7%에 달한다. 한국 사회가 빠르게 고령화되고 있는 가운데 의료비 지출도 꾸준히 증가할 것은 자명하다. 그러므로 의료비 지출은 앞으로 심각한 사회문제로 번질 가능성이 높다.

강요된 소비에 묶이는 바람에 한국인들은 자신의 여가를 찾지 못하고 있다. 반드시 써야 할 지출이 늘어나면서 문화·여가비에 쓸 수 있는 여력은 상대적으로 줄고 있다. 엥겔계수는 유독 한국에서만 통하지 않는 셈이다.

오문석 LG경제연구원 실장은 "교육비 등은 엥겔계수에 포함되지 않는 선택적인 소비에 해당하는데, 우리나라에서는 이것이 선택

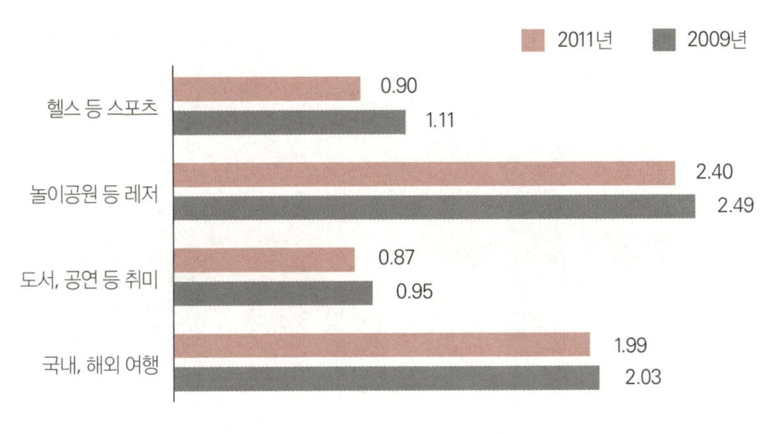

적인 소비가 아니라 강요된 소비에 해당해 지출이 불가피한 상황"
이라고 말했다. 신창목 삼성경제연구소 선임연구원은 "식료품이나
교육비·주유비는 줄이기 쉽지 않은 품목"이라며 "소비가 좋지 않은
상황에서 문화·여가비는 지출을 못 늘릴 수밖에 없었던 것으로 보
인다"고 설명했다.

우리나라 국민들의 욕구불만형 소비행태는 '4대 사회 강요소비'
를 어떻게 해결하느냐에 있다.

첫째로는 허리가 휘는 사교육비다. 교육비 지출은 불안정한 고용
과도 관련이 있다. 경기가 불황으로 접어들수록 일자리를 찾기가

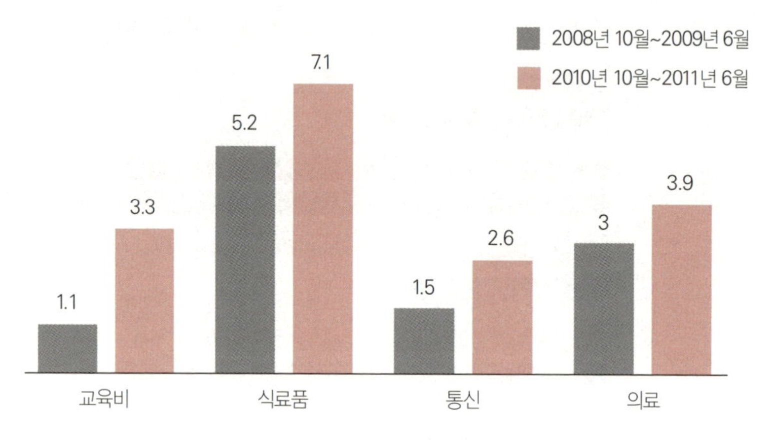

어려워지기 때문에 교육비 지출이 늘어난다는 이론도 있다. 우리나라의 과다한 교육비 지출도 이와 마찬가지로 '불확실한 내 아이의 미래' 때문으로 해석할 수도 있다. 정규직과 비정규직으로 이원화된 노동시장의 영향이 크다.

강종구 한국은행 경제연구원 경제사회연구실장은 "교육을 더 받아야만 좋은 일자리를 확보할 수 있는 가능성이 높기에 이 같은 경향을 보이고 있다"며 "2008년 금융위기가 한창인 시점이었고, 2011년 들어 회복이 되긴 했지만 장래의 불안정성은 여전히 큰 상황"이라고 말했다.

결과적으로 안정적이지 않은, 불확실한 사회를 구축하지 못한 국가 시스템의 잘못이라고 말할 수 있다. 교육과 일자리가 연결되는 시스템이 정상적으로만 작동한다면 충분히 공교육만으로도 해결할 수 있는 것이 교육비다. 하지만 이 같은 시스템이 제대로 작동하지 않는 바람에 국민들은 '내지 않아도 될' 교육비를 추가로 부담하고 있는 셈이다.

하늘 높은 줄 모르고 거듭 상승하고 있는 생활물가도 문제다. 이마트에 따르면 2009년 9월 3만 7,900원이었던 쌀 20kg은 2011년 9월 4만 900원으로 7.9%가 상승했다. 배추가격은 같은 기간 한 통에 1,580원에서 2,380원으로 50.6%가 뛰었다. 생활용품도 마찬가지다. 두루마리 휴지(45m·24개) 한 묶음은 7,450원에서 7,950원으로 6.7%가 올랐다.

2011년 8월 물가상승률이 5%에 이르자 국민들은 공포에 질렸다. 정부는 2011년 9월 물가상승률은 큰 폭으로 내려갈 것이라며 낙관적이었지만, 2011년 9월 들어 원화 값이 크게 하락하면서 물가는 또 한 번 안정을 찾기 어려울 것이라는 전망도 나왔었다.

그렇기에 물가당국의 '가뭄에 하늘만 쳐다보는 식'의 물가관리는 국민들의 분통을 자아내고 있다. 한국은행은 금리인상 시기를 놓치면서 물가에 선제적으로 대응할 수 있는 때를 놓쳤다. 공정거래위원회는 기업의 팔을 뒤틀어 가격인상을 막고 있지만, 오히려 더 큰 역효과가 날 수 있다는 지적도 나오고 있다. 효과적인 물가관리 방법을 찾아야 하는 시점인 것이다.

　이재웅 성균관대 교수는 "정부가 기업의 팔을 비틀어 추진해온 공생발전, 상생, 이익 공유 및 각종 가격규제와 시장개입은 물가안정에 전혀 도움이 되지 않는다"며 "물가는 정부가 찍어 누른다고 안정되지 않는다"고 강조했다.

　대통령마저 '미스터리'라고 말한 유류비와 통신비는 세 번째 문제점이다. 휘발유 가격과 통신비 부담은 어디서부터 잘못된 것인지 알 수조차 없다. 독점체제로 굳어진 정유사·통신사들의 구조적인 문제라는 말도 있다. 하지만 기업들은 현재의 가격으로도 손해를 보는 구조라고 항변하고 있다.

　정부 탓도, 기업 탓도 아니라는 말에 국민들은 누구를 탓해야 할지 헷갈리고 있다. 어쨌든 유류비와 통신비는 가계에 있어 가장 큰 부담 중 하나로 꼽힌다. 전국 주유소 휘발유 평균 가격은 지난 2009년 8월 1,670.68원에서 2011년 8월 1,945.16원으로 16.4%가 올랐다.

　스마트폰 요금 등 새로운 비용이 추가되면서 통신비용은 역대 가장 높은 수준을 이어가고 있다. 통계청에 따르면 2011년 2분기 가구당 통신비는 14만 1,309원으로 최고치를 이어가고 있다. 윤원철 한양대 교수는 "복잡한 경제이론을 동원할 필요 없이 유류비나 통신비를 낮추는 근본적인 방법은 경쟁을 촉진하는 일"이라며 "경쟁을 촉진하기 위해서는 제대로 된 시장이 있어야 하고 보다 많은 시장참여자가 시장에 들어와야 한다"고 강조했다.

해답이 나오지 않는 의료비가 마지막 문제점이다. 건강보험 가입자의 월평균 진료비는 2004년 11만 4,200원에서 2011년 상반기 24만 6,000원으로 2배가량이 늘었다. 여기서 그치는 것이 아니다. 고령화가 계속되면서 사회적인 의료비 지출은 꾸준히 늘어날 것이 자명한 사실이다. 월평균 진료비는 75세에서 84세는 7년 사이 3배, 85세 이상은 4배 이상이 증가했다. 이 같은 의료비 지출은 가계에 앞으로 지속적인 부담이 될 전망이다. 고령화 사회에서 전체적인 의료비 지출이 늘어나는 것 자체는 불가피한 측면이 있다.

하지만 고령화로 노인 인구가 늘고 의료비 지출이 늘어나는 상황에서 의사 인력은 여전히 제자리걸음을 하고 있다. 높은 비용을 부담하면서도 제대로 된 의료 서비스를 받지 못할 가능성이 있다는 뜻이다.

정형선 연세대 교수는 "노인인구가 증가하면서 의료 수요는 급격히 팽창하고 있는데 의료 공급은 이에 부응하지 못하고 있다"며 "의사 인력을 키우는 데에는 10년 이상 걸리는 만큼 더 늦기 전에 정상화해야 한다. 경제협력개발기구(OECD)도 한국의 의사 부족을 경고했다"고 강조했다.

박세일
한반도선진화재단 이사장

고용과 복지 연결할 골든트라이앵글네트를 구축하자

"삶의 질 향상은 성장 없이는 불가능합니다. 양극화 때문에 국민들이 분노하는 것은 더 이상 예전처럼 고임금 일자리가 창출되지 않고 있다는 뜻입니다. 성장 전략을 다시 개편하라는 목소리입니다."
보수진영의 대표적인 싱크탱크인 한반도선진화재단을 이끌고 있는 박세일 이사장(서울대 교수)은 전 세계적으로 불었던 월가점령 시위에 대해 "금융부문 규제완화, 기술 변화를 따라가지 못하는 교육시스템, 낙후된 선진국형 복지시스템이 복합적으로 어우러져 나타난 현상"이라고 진단했다.
특히 월가점령 시위에 대해 "신자유주의에서 정부 규제를 완화하는 것은 올바른 방향인데 다만 금융부문 완화는 실패했다"며 "금융부문 건전성 감독(prudential regulation)을 과도하게 풀어준 것이 잘못돼 금융이 불안정하고 실물경제를 위협하면서 끊임없이 양극화를 초래하고 있다"고 지적했다.

아시아보다 미국이나 남유럽에서 격렬한 시위가 나타난 이유에 대해서는 낙후된 선진국형 복지제도에서 그 원인을 찾았다. 박 이사장은 "유럽에 재정위기가 발발한 이유는 1960~1970년대 젊은 인구가 많고 성장률이 높았던 시절 구축했던 복지제도에서 비롯됐다"며 "지속가능하지 못한 복지체제 때문에 재정이 파탄이 나고 포퓰리즘이 등장하고 있다"고 설명했다.

우리 국민 중 상당수가 높은 주거비와 교육비로 삶의 질이 팍팍한 것으로 여기고 있는 것에 대해서는 "기술발전을 교육개혁이 따라가지 못하면서 나타난 현상"이라고 진단했다. 그는 "미국도 1950~1970년대 교육개혁이 급속도로 이뤄지면서 양극화가 줄어든 적이 있다"며 "하지만 지금은 실패해 다시 격차가 늘고 있지 않았느냐"고 반문했다.

국민들의 불만을 잠재우고 사회구조를 개혁하려면 성장전략을 다시 수립해야 한다고 강조했다. 특히 그는 진보진영에서 주장하는 복지국가론에 대해 "삶의 질 향상은 성장에서 나오고 이는 민간부문에서 경쟁을 통해 이뤄진다"며 "한정된 재원인 세금만을 갖고 복지를 실현하려고 한다면 남유럽 절차를 밟을 우려가 있다"고 설명했다. 이를 위해 고용친화적인 성장 전략을 구축하고 교육

시장 공급 비용을 축소하며 이동노동시장 정책(transitional labour market)을 펼칠 것을 주문했다.

그는 "예전에는 20대 때 입사 후 시간이 흐르면 60대 퇴직 전까지 임금이 상승하는, 정주하는 노동시장이었던 반면 이제는 취업과 재교육, 퇴직을 반복하는 이동노동시장으로 변했다"고 말했다. 박 이사장은 "잦은 퇴직으로 인해 발생하는 비용을 줄여주는 것이 복지의 핵심"이라고 강조했다. 특히 박 이사장은 재교육과 복지 고용을 유기적으로 연결해 성장과 복지를 동시에 추구할 수 있는 골든 트라이앵글네트(황금삼각망)를 구축할 것을 주문했다.

그는 "단순히 세금만으로 무상 복지를 실현하는 것은 진정한 복지가 아니다"면서 "맞춤형 교육을 지속적으로 제공하고 퇴직 시점에 적절한 복지 혜택을 제공해 시너지를 얻어야 한다"고 말했다. 또 이를 위해 교육개혁을 선행해야 한다고 주장했다.

박 이사장은 "교육을 위해 높은 주거비를 감내하고 있는 국민이 많은 것도 결국 과도한 교육공급 비용 때문"이라며 "예를 들어 등록금이 높다는 불만은 건물을 새로 짓거나 새로운 교사를 확충하면서 교육공급 가격이 상승한 탓이 크다"고 말했다. 그는 "양질의 교육을 낮은 비용으로 공급받는 것이 중요한데, IT 등 새로운 기술을 접목하는 지혜가 필요하다"고 설명했다.

하지만 이러한 시스템을 구축하려면 무엇보다 리더십을 먼저 회복해야 한다고 주장했다. 박 이사장은 "구조 개혁을 위해서는 지대

추구행위나 정부 포획을 물리치고 앞장서 국민을 설득해 신뢰를 얻는 리더십이 필요하다"며 "하지만 오늘날 일부 정치인은 이런 설득 과정 없이 세금만으로 표를 얻으려는 작전만 펼치고 있다"고 꼬집었다. 박 이사장은 "의회민주주의가 부실해지면 국민들은 직접민주주의에 대한 열망을 갖게 마련"이라며 "직접민주주의를 잘하면 문제가 없지만 자칫하면 중우정치, 선동정치로 빠지고 결국 자유시민주의가 깨져 반민주주의로 회귀할 수 있다"고 지적했다.

분노의 샘은
바로 '집'

　김포시는 전통적으로 여당 강세 지역이었다. 농업에 종사하는 노년층 인구가 많기 때문이다. 그러나 지난 2010년 6월 지방선거에서 민주당 소속 유영록 씨가 여당 후보를 제치고 시장에 당선됐다. 역풍은 '집값'에서 불었다. 김포시는 2006년 3.3㎡당 995만 원이던 아파트 값이 선거 당시 857만 원으로 13.85% 하락했다. 신도시인 고촌 일대 주민들은 "중전철 유치에 실패한 무능력한 여당 정치인 때문에 집값이 떨어졌다"며 투표장으로 몰려갔다. 투표율에서도 아파트 밀집지역인 고촌지역이 다른 지역 투표율을 훨씬 앞섰다.

　아늑한 안식처가 되어야 할 집. 하지만 한국, 특히 수도권에선 '분노의 샘'이다. 집이 있는 사람은 집값이 떨어질까 봐 불안하고, 집이 없는 사람은 전·월세금이 치솟아 정부가 밉다.

매일경제가 부동산 정보업체인 부동산1번지에 조사를 의뢰한 결과, 이명박 정부 출범 이후인 2008년 2월 25일부터 2011년 9월 25일까지 수도권 전세금은 25.21% 급등했고, 수도권 아파트 값은 1.32% 하락했다. 임기 동안 수도권 아파트 값이 77.1% 상승했던 노무현 정부에 비교하면 집값 상승세는 이명박 정부가 확실히 잡은 셈이다. 하지만 임기가 1년여 남았음에도 불구하고 전세금 상승률에선 노무현 정부(19.05%)를 크게 앞질렀다.

월세도 가파른 상승세다. 통계청에 따르면 지난 2011년 1~8월 월세는 8개월 연속 올랐다. 특히 지난 2011년 8월에는 전년 동월 대비

노무현정부 vs. MB정부 집값·전세금 상승률 (단위=%)

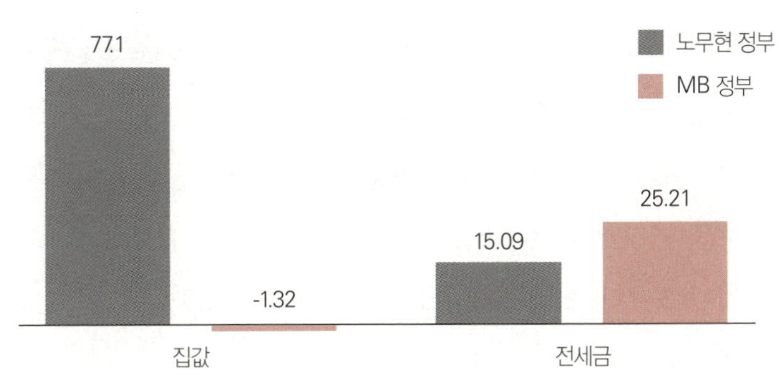

*수도권 기준. 노무현정부는 2003년 2월 25일~2008년 2월 24일, MB정부는 2008년 2월 25일~2011년 9월 22일 기준
자료=부동산 1번지

3.0% 상승해 15년 만에 최고치를 기록했다.

결국 세입자는 치솟는 전·월세금에 시달리고 집주인은 떨어지는 집값에 불안해하는 상황이다. 집값이 떨어졌다지만 집을 사기가 좋아진 것도 아니다. '집값은 기다리면 언젠간 오른다'는 확신이 무너져 내리고 있기 때문이다. 게다가 '내 집 장만'이 꿈인 무주택 서민의 실질소득은 사실상 제자리걸음이었다. 무주택 서민 처지에서는 벌어놓은 돈은 없는데 전·월세금만 껑충 뛰어오른 것이다.

매일경제가 통계청 가계동향 원시자료를 재가공한 결과, 2011년 2분기 기준 무주택 가구 명목 월소득은 265만 원으로 2006년 2분기(215만 3,000원)에 비해 23.1%로 늘어났다.

그러나 물가상승률을 고려한 실질 월소득은 5년 동안 겨우 4.3% 증가해 2011년 현재 220만 원에 그쳤다. 이는 주택 보유 가구의 실질소득보다 76만 원 적은 금액이다. 무주택 가구들은 월급을 한 푼도 쓰지 않고 꼬박 모아야 10년 동안 3~4억 원을 손에 쥘 수 있기 때문에 서울에서 집을 구입하는 것은 사실상 불가능한 상황이다. 특히 무주택 가구에 대한 세금과 국민연금, 건강보험료 등 비소비지출은 지난 5년간 소득증가율보다 가파르게(34.9%, 30만 7,000원→41만 5,000원) 늘어나 가계 부담이 컸다.

국토연구원의 2011년 주거실태 조사에 따르면 참여정부 때인 2006년 평균 7.9년 걸리던 내 집 마련 평균 소요 연수는 2008년

8.96년, 2010년 말에는 9.01년까지 되레 늘어났다.

변창흠 세종대 교수는 "집은 소득계층을 막론하고 한국인 가계 자산에서 80%를 차지할 정도로 막대한 비중을 차지하고 있다"며 "집값 추락은 곧 가계자산 붕괴를 의미하기 때문에 국민은 '집값 올린 정부'보다 '집값도 못 올리고 전세금만 올린 정부'에 훨씬 더 큰 분노를 느낀다"고 설명했다. 집 없는 사람은 자고 나면 뛰어오르는 전·월세금 부담에 '렌트 푸어'로 전락하고, 집 있는 사람은 추락하는 집값과 대출금리 인상에 분노한다.

분노의 표적은 정부다. 전세난이 슬슬 시작됐던 지난 2010년 말에는 "전세난은 없다"며 극구 부인하다 2011년 들어서만 여섯 번의 대책을 내놨지만 전세금은 오히려 더 큰 폭으로 뜀박질했다. "집을 사야 전세난이 사라진다"며 각종 매매 활성화 대책도 내놨지만 별다른 효과가 없다.

경기도 용인에 위치한 한 중견기업에 다니는 27세 최승준 씨(가명)는 매달 31일만 되면 숨이 턱턱 막힌다. 월급날인 25일 이후 매달 300만 원 안팎의 월급이 통장으로 들어오지만 월세로만 '딱' 110만 원이 빠져나간다. 화성시 동탄신도시 반송동에 2년 전 얻었던 전셋집 전세금이 두 배 가까이 뛰어올랐다. 계약 갱신을 앞두고 목돈을 구하지 못해 어쩔 수 없이 월세로 전환한 것이다. 그는 "2년 전 결혼하면서 부모님에게서 5,000만 원가량을 전세금에 보태라고 받았는데 이번엔 차마 손을 벌릴 수 없었다"고 말했다. 최 씨는 "전세

금이 오른 덕에 집주인들만 덕 보고 우리 같은 세입자는 '렌트 푸어'
신세로 전락했다"고 한탄했다.

MB정부 들어 집값이 떨어졌다고 하지만 예전보다 주택 구입
이 쉬워진 것도 아니다. 부동산1번지 조사에 따르면 수도권의 경
우 MB정부 동안 떨어진 집값 하락률은 5% 수준, 서울의 경우 되레
0.46% 올랐다.

박상언 유엔알컨설팅 대표는 "집값 하락으로 피해를 본 하우스
푸어들은 파주, 김포, 용인, 고양같이 노무현 정부 말 고분양가 아파
트가 쏟아진 지역에 몰려 있다"며 "학군 수요, 출퇴근 수요가 몰린
서울 지역은 여전히 노무현 정부 때 고점가격을 지키고 있는 지역
도 많다"고 말했다.

국토연구원이 조사한 '서울 및 수도권 지역별 점유형태 조사'에
따르면 MB정권 출범 직후인 2008년 말 50.70%였던 자가비율은
2010년 현재 46.56%로 크게 감소했다. 전세거주자 역시 29.56%에
서 29.44%로 소폭 감소했다.

하지만 보증부 월세와 월세·사글세는 증가했다. 보증부 월세는 2
년 전 16.08%에서 20.02%로 늘어났고 월세·사글세도 1.48%에서
2.14%로 증가했다. 나라 전체적으로는 '주거불안도'가 크게 높아진
것이다. 전셋집은 사라지고 월세는 갈수록 치솟는 상황에서 서민층
의 분노가 쌓이는 것은 당연한 이치다.

그렇다고 집주인들이 마냥 전세난을 즐기고 있는 상황도 아니다. 42세 한모 씨는 경기 용인시 성복동에 전용 85㎡ 아파트를 2006년께 분양받았다. 분양가를 비롯해 각종 세금 등으로 5억 5,000만 원을 쏟아 부었다. 그러나 입주가 다가오면서 주택경기가 고꾸라졌다. 주택 가격은 입주 당시 5억 원을 약간 웃돌다 지금은 4억 6,000만 원에 집을 내놔도 문의전화 '한 통' 없다. 한 씨는 "3년간 냈던 이자 비용과 떨어진 집값을 합해서 1억 5,000만 원 이상을 손해 봤다"고 하소연했다.

지금 한 씨와 같은 처지의 전국의 하우스 푸어는 약 156만 9,000가구(549만 1,000명)에 이르는 것으로 추정된다. 전국 약 1,691만

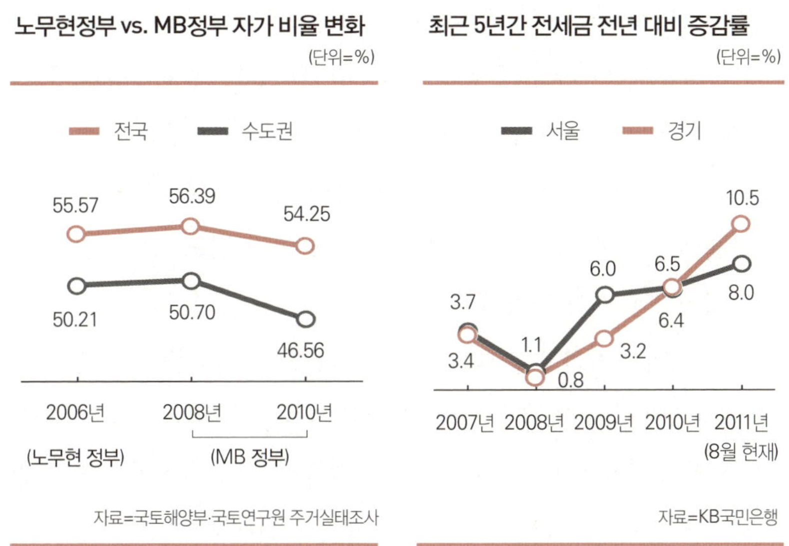

7,000가구 중 9%에 해당하는 수치다.

박원갑 부동산1번지 연구소장은 "현 정권이 보금자리 분양주택을 내놨지만 기대감만 불러일으키고 '용두사미'가 돼가는 건 이전 정부와 마찬가지"라며 "달라진 것은 노무현 정부 때는 집 가진 사람이라도 돈을 벌었지만 지금은 주택 유무에 상관없이 모두 피해자가 됐다는 것 아니겠냐"고 말했다.

통계청이 조사한 지난 2010년 기준 우리나라 주택보급률은 102%에 달하고 있다. 수도권의 경우에도 100%를 넘지 못했지만 99%에 달한다. 2005년 조사와 비교할 때 주택 수는 13.1%(204만 900채) 증가한 반면, 가구 수는 9.1%(145만 2,000가구) 증가해 주택공급물량 증가율이 훨씬 더 높았다. 그럼에도 불구하고 곳곳에서 주택수급난이 불거지고 전세난이 일어나는 이유는 뭘까?

서울을 제외한 다른 수도권 시장에 나와 있는 미분양주택, 임대주택은 주택을 소비하는 수요자와의 '미스매칭'이 공급난의 주 배경이다. 수도권 미분양 물량 2만 182가구 가운데 상당수 물량은 수도권에서도 서울 도심에서 25km 이상 떨어진 김포, 동탄, 파주·운정 등 2기 신도시에 집중돼 있다.

김태욱 타이거하우징 대표는 "지금의 전세난의 중심에 선 사람들은 수도권 중산층으로 초·중·고 재학 자녀들을 둔 사람들"이라며 "이들이 학원가와 멀고 상대적으로 교육여건이 떨어지는 수도권 외곽으로 이사를 간다는 것은 정말 어려운 선택"이라고 말했다. 김

선덕 건설산업전략연구소장은 "수도권의 전세난은 전체적으로 수요가 집중되는 학원가 주변에 재건축·재개발이 멈추면서 신규 주택공급이 끊어진 상황에서 전세매물이 월세매물로 전환속도가 빨라진 것이 가장 큰 배경"이라고 지적했다.

경기 북부지역은 선거 때마다 보수당 텃밭으로 꼽혀 왔다. 그러나 2012년 4·11 19대 총선에선 진보성향의 야당이 고양, 일산, 파주, 양주 등을 싹쓸이하다시피 하며 '경기 북부 신야권벨트'를 형성했다. 야권 후보단일화 등 여러 가지 요인이 있었지만 역풍의 진원

수도권 압승지역 집값 등락률 (단위=%)

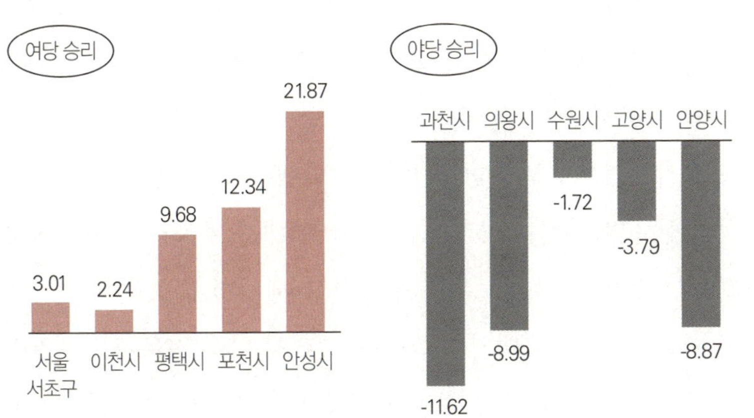

*기간=2008년 4월 9일(18대 총선일)~2012년 4월 11일(19대 총선일)
자료=부동산1번지

지는 '집값 민심'이라는 분석이 나온다. 고양 식사지구는 집값 급락으로 불 꺼진 새 아파트가 속출하면서 '하우스 푸어' 양산 공장으로 변했다. 파주에서는 운정3 신도시 보상지연으로 주민자살 사건까지 발생하며 민심이 싸늘해졌다.

2008년 18대 총선 때 강원도에선 새누리당 전신인 전 한나라당이 지역구 총 8석 가운데 겨우 3석을 건졌다. 하지만 19대 총선에선 8석을 모두 '싹쓸이'해 충청과 더불어 과반수 획득에 일등 공신 역할을 했다. 이변의 핵에는 역시 김용민 발언 파장 외에 집값·땅값이 작용했다. 강원도는 동계올림픽 유치에 성공하면서 각종 도로·철도망 확충 호재에 힘입어 최근 1년간 집값 상승률이 9.99%로 전국 1위를 차지했다.

평창에서 중개업을 하고 있는 윤은구 씨는 "단순히 집값이 오른다고 여당을 찍었겠느냐? 땅값·집값이 고공행진하면서 지역 내에 크고 작은 공사들이 잇달아 일자리도 많이 생겨 경기가 호전된 게 여당 프리미엄으로 작용한 듯싶다"고 말했다.

선거에는 많은 변수가 작용한다. 20·30대를 주축으로 하는 SNS 정치, 진보층에 반발한 보수층의 재결집, 세대별 투표율 등 어느 한 가지 이유를 '딱' 집어내기는 힘들다. 그러나 다수 전문가들은 2012년 4월 11일 치러진 19대 총선에서 집값이 선거에 작지 않은 영향을 줬다고 분석하고 있다.

윤정웅 수원대 사회교육원 교수는 "2008년 총선 때 여당은 서울에서 야당에 8석만 내준 반면, 이번 선거에서는 30석이나 빼앗겼다"며 "서울 지역에선 좌초된 뉴타운 사업에 대한 반발이, 경기권에선 '하우스 푸어'로 대표되는 유주택자들 반발이 표심을 확 바꾼 것 같다"고 분석했다.

경기도 내 30개 시·군 가운데 야당이 승리한 곳은 부천, 고양, 수원, 안산, 양주, 안양 등 모두 11곳이다. 매일경제가 부동산1번지에 의뢰해 이들 11개 지역의 최근 4년(18대 총선일~19대 총선일)

집값 많이 오른 곳 여당 프리미엄 누려　(총지역구 좌석수/여당승리지역)

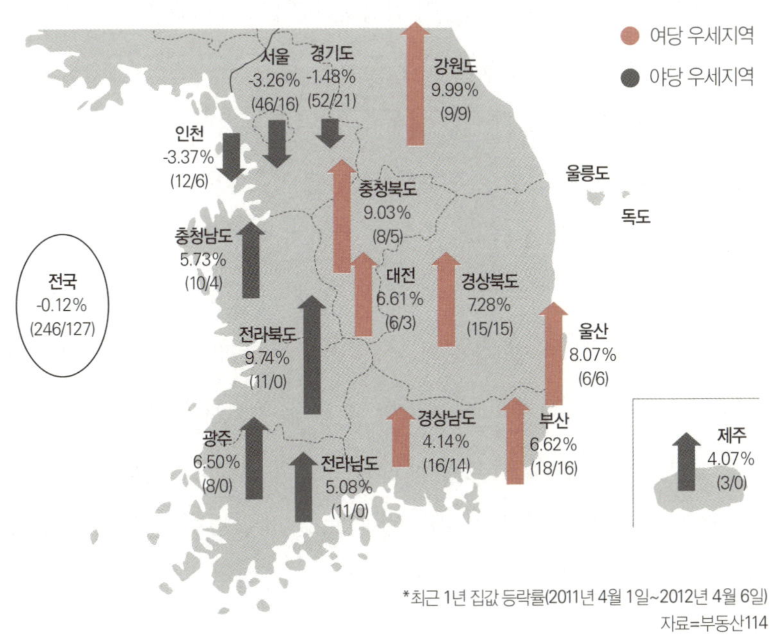

*최근 1년 집값 등락률(2011년 4월 1일~2012년 4월 6일)
자료=부동산114

집값 등락을 조사한 결과, 8곳이 떨어진 것으로 나타났다. 오산(9.7%), 구리(2.35%), 남양주(1.16%) 3곳은 집값이 올랐는데도 야당이 승리했다.

반면 수도권에서 여당 후보가 10% 포인트 이상 큰 표 차이로 압승한 안성, 이천, 평택, 포천 등은 대부분 집값이 오른 지역이다. 새누리당 김학용 후보(55.4%)가 민주통합당 윤종군 후보(41.5%)를 이긴 안성시는 지난 18대 총선일 대비 집값이 무려 21.8%나 뛰었다. 인근 산업단지의 입주에 따른 수요가 꾸준히 발생한 지역이기 때문이다.

이천과 평택도 여당 후보들이 압승한 지역으로 집값이 각각 2.24%와 9.68% 상승했다. '야권벨트'가 형성된 경기 북부권에서는 유일하게 집값이 10.3% 뛴 포천·연천에선 김영우 새누리당 후보가 50.4%를 득표해 이철우 민주통합당 후보(34.4%)를 여유 있게 따돌렸다.

과천·의왕지역은 4·11 총선에서 이변지 가운데 하나로 꼽힌다. 15대 총선 이후 안상수 새누리당 의원이 내리 4선에 성공한 여권 강세 지역이지만 이번 총선에서는 민주통합당 송호창 당선자가 10% 포인트의 큰 격차로 새누리당 박요찬 후보를 눌렀다.

중앙부처의 세종시 이전과 보금자리주택 대규모 건설에 따른 집값 하락 우려, 전체 주민의 40%에 이르는 세입자들의 전세금 급등 반발감 등이 복합적으로 작용하며 역풍이 불었다는 분석이다.

조국
서울대 교수

화이트칼라 크라임은 형량을 10배로 높이자

진보 진영의 대표 논객인 조국 서울대 법학전문대학원 교수는 국민이 분노하고 있는 이유를 '중산층 위기'에서 찾았다. 이로 인해 양극화 범위도 소득과 자산뿐 아니라 교육, 건강 등 주변 영역으로 넓어졌다고 분석했다. "학벌과 직장 얻기에 실패하면 사회에서 사실상 버림받는 게 바로 한국"이라는 얘기다.

조 교수는 "외환위기 이전엔 지방대를 졸업한 뒤 취업해 10년 정도 회사를 다니면 전세 끼고 대출받아 집을 살 수 있었다"면서 "하지만 지금은 명문대를 졸업해도 부모에게 재산을 물려받는 태생적 로또나 진짜 로또에 당첨되지 않는 이상 내 집 마련이 힘들어졌다"고 진단했다.

지난 2011년 4분기 기준 통계청의 전국 가구당 월평균 소득과 서울의 아파트 한 채당 평균 매매가격을 비교한 조사 자료에 따르면 서울에서 내 집을 마련하는 데 걸리는 12년이 걸리는 것으로 집계됐다. 이는 가구당 월평균 소득 388만 원을 매달 100% 저축한다는 가정에 따라 산출한 기간으로 2009년 말 기준 14년 2개월에서 2년 2개월 단축됐다. 당시 평균 5억 8,463만 원이던 서울 아파트값이 2011년 현재 5억 5,990만 원으로 2,472만 원 떨어진 반면 같은 기간 가구당 월평균 소득은 13% 증가한 게 그 이유다.

그러나 최근 집값이 오른 지방 도시는 집을 마련하는 데 걸리는 기간이 되레 더 길어지는 추세다. 주택경기가 활황세인 부산은 4년 11개월, 대전은 4년 7개월로 2009년보다 각각 9개월, 7개월 늘어났다.

서울의 경우, 내 집 마련 기간이 줄기는 했지만 최근에 급상승 중인 물가와 교육비, 보육비 부담 등을 고려한다면 중산층의 부담은 결코 줄었다고 말할 수는 없는 상황이다.

한국건설산업연구원이 국민은행의 연소득 대비 주택가격(PIR)을 분석한 결과, 소득 하위 20%인 1분위 계층의 PIR은 2010년 4분기 5.5배에서 2011년 4분기 6.5배로 증가했다. 이는 1분위 계층이 소득수준에 맞는 주택을 매입할 때 모아야 할 연간소득이 5.5년 치에서 6.5년 치로 늘었음을 의미한다. 불과 1년 새 주택구입 능력이 18%나 약화된 셈이다.

조국 교수는 해법으로는 '기회의 재분배'를 제시했다. 그는 "100명 중 50등쯤 되는 평균적인 사람들이 평균을 조금 넘는 노력만 한다면 충분히 대가를 받을 수 있다는 예상을 할 수 있어야 한다"며 "고용 양극화가 만연한 상태에서는 일차적으로 우리 사회가 이들을 위한 패자부활전 시스템을 만들어줘야 한다"고 주장했다.

조 교수는 이어 "사회적인 학력 디폴트값(기본값)을 대졸에서 고졸로 낮추는 것도 중요하다"고 말했다. 그는 "인위적으로 대학 수를 10분의 1 수준으로 줄여 80%에 달하는 과도한 대학 진학률에서 탈피해야 한다"며 "기업들의 고졸 채용도 확대해야 한다"고 목소리를 높였다.

엘리트 계층의 비도덕적 행위에 대한 분노도 시정해야 한다는 의견이다. 조 교수는 "평범한 사람들의 선량한 저축을 무력하게 만드는 금융 범죄, 이른바 '화이트칼라 크라임'은 형량을 현재의 10배 수준으로 높여야 한다"고 강조했다.

기업 호민관으로 활동했던 이민화 카이스트 초빙교수는 기업에도 패자부활이 가능하도록 해야 한다는 의견을 내놨다. 그는 "대기업과 중소기업 양극화 문제는 중소기업 지원만으로는 결코 해결되지 않는다"고 단언했다. 이 교수는 "한정된 자원으로 양극화를 줄이려면 퇴출될 기업은 퇴출하고 살아남을 기업은 육성해야 한다"면서 "하지만 현재 시스템에선 기업이 퇴출되면 대표이사가 신용불량자로 전락할 확률이 높기 때문에 기업인들이 부실 상태를 알면서도 정리하지 못하고 있다"고 말했다. 따라서 기업들이 문을 쉽

게 닫고 열 수 있도록 인수·합병(M&A) 거래소를 신설하자고 제안
했다.

그는 중소기업 적합업종 선정에 대해서도 "대기업에서 업종을 떼
어내 중소기업에 준다는 생각은 오히려 갈등만 유발시킨다"면서
"대기업의 기술 탈취를 제도적으로 막는 한편 정보 불균형을 바로
잡는 정책이 필요하다"고 주장했다.

그는 이어 "성장 없는 분배는 갈등을 초래하고, 분배 없는 성장은
허탈하다"며 "결국 한국이 혁신국가가 되는 수밖에 없으며 기존
산업에서 진입 장벽을 허무는 동시에 고성장 창업을 유도해야 한
다"고 말했다.

주택이란 분노,
해답을 구하다

부산 남구 용호동에 위치한 용호 5주거환경개선사업지구. 이 동네는 30~40년 된 단독주택 308여 가구가 빼곡히 자리 잡아 주거환경이 매우 열악한 지역이다. 시에서는 지금의 주택을 허물고 아파트를 짓기 위해 사업을 시작했지만 사업 시작 후 '새 아파트에 들어가겠느냐'는 입주 희망조사에 "들어가겠다"고 응답한 사람은 4명에 불과했다.

주거민 대부분이 생활보호대상자 등 저소득층이었기 때문이다. 새 집에 들어가기 위해서는 보상받은 금액 이외에 추가로 돈을 지불해야 하지만 감당할 여력이 안 됐다. 보상가는 3.3㎡당 450만 원 안팎인 반면 주변 기존 집값은 이미 700만 원대에 근접했기 때문이다. 보상가를 높여 달라는 분노의 목소리가 넘쳐났다.

이는 용호 5지구만의 딜레마가 아니다. 국감자료를 보면 1990년부터 2011년 7월 말까지 전국 113개 지구에서 주거환경개선사업을 시행한 지역을 조사한 결과 원주민 재정착률은 연평균 45%에 불과했다. 절반 이상의 원주민이 비싼 새집 가격을 감당 못해 보금자리를 떠나고 있다. 특히 지방은 재정착률이 36%에 그쳤다.

사업에 반대하는 목소리가 커지고 갈등이 불거지자 시와 부산도시공사는 해법 마련에 나섰다. 사실상의 원가공개를 선언하며 "500만 원대 반값 아파트를 공급하겠다"고 약속한 후 분양가 거품 빼기에 나선 것이다.

전문기관에 의뢰한 결과 분양가 상한제 가격을 적용한 분양가는 720만 원으로 산출됐다. 이종철 부산도시공사 사장은 "보상금만 쥔 원주민들이 갈 곳이 어디 있겠느냐"며 직원들에게 "원가 절감을 위한 모든 아이디어를 동원하라"고 지시했다.

모델하우스부터 아예 없앴다. 이 사장은 "모델하우스가 분양에는 필수 불가결하지만 일단 지으면 최소 20~50억 원까지 들어가야 한다"며 "이것만 해도 가구당 부담으로 치면 적게는 수백만 원에서 수천만 원까지 높아질 수 있다"고 말했다. 모델하우스는 도시공사 사옥 내에 분양 홍보관을 설치하는 것으로 대신했다. 이웃나라 일본에서는 이같이 별도 모델하우스를 짓지 않고 사옥 내에 주택유닛

부산도시공사가 사업비 절약을 위해 모델하우스를 없앤 대신 사옥 내 설치한 주택홍보관.

을 설치하는 것이 보통이다.

공사비를 아끼기 위해 발주 방식에서도 역발상을 동원했다. 공사비를 미리 확정해 놓고 설계와 시공을 최적화시키도록 일괄 발주했다. 일반적인 아파트 공사에서는 공사 착수 이후 시공사들이 잦은 설계 변경을 통해 공사금액이 작게는 수십억 원에서 많게는 수백억 원씩 올라가는 것이 다반사다.

수십억 원에 달하는 외주 감리 역시 자체 감리로 대신했다. 또 당초 용호 4, 용호 5 등 2개 지구로 나뉘어 있던 사업지구를 통합 개발로 변경한 후 경비실, 노인정 등 부대시설을 최소화해 시설비용도 대폭 절감했다. 이를 통해 산출된 가격은 3.3㎡당 분양가격은 580

만 원. 원주민들 입장에선 보상가격에서 3.3㎡당 100만 원 안팎의
추가 비용으로 새집에 들어갈 수 있게 됐다. 대신 일반분양가는 이
보다 다소 높은 620만 원으로 책정됐다.

도시공사에서 산출한 건설원가는 3.3㎡당 611만 원. 원주민에겐
공사 원가보다 낮게 공급하고 일반분양자들에겐 2% 수준의 마진
만 남기고 공급하는 셈이다. 남겨진 마진을 통해 원주민들에게 싸
게 공급하는 것이다. 이는 분양가 상한제 가격보다도 원주민 공급
분은 20% 수준, 일반분양분은 14% 정도 낮은 것이다.

이 사장은 "부산의 평균 아파트 가격이 3.3㎡당 1,000만 원 수준
인 것을 감안하면 사실상 '반값 아파트'나 다름없다"고 말했다. 가
격이 공개된 후 당초 4명에 불과했던 입주 희망자가 227명으로 늘
었다. 원주민의 73% 안팎이 재정착하게 된 것이다. 자발적 집값 거
품 빼기로 지역주민들의 분노의 샘을 가라앉힌 것이다. 이 사장은
"공기업으로서 마진을 포기하면 수익이 줄어 정부의 공기업평가
에서 불리한 측면도 있는 게 사실"이라며 "그렇지만 공기업 본연의
임무를 완수하기 위해 앞으로도 이 같은 사업방식을 굳혀 나갈 계
획"이라고 말했다.

'공기업이 앞장 서 아파트 분양가 거품을 빼야 한다'는 것은 너무
나도 당연한 말이다. 하지만 지난 수십 년간 한국에서는 통하지 않
았다는 말이기도 하다. 전문가들은 이제부터라도 공기업이 제 역할
을 다해야 한다고 지적한다.

또 전문가들은 대단위 광역개발 대신 소규모 개발방식으로의 전환이 필요하다고 말한다. 박상우 국토해양부 토지주택실장은 "지금의 정비사업 방식은 지나치게 면적이 넓어 개발 기간이 상당한 데다 조합 내외부에서 각종 이견에 따라 진통과 기회비용이 너무 커지고 있다"며 "주택호수 100가구 이내의 소규모 면적을 대상으로 개발방식을 바꾸면 개발사업의 몸체를 가볍게 해 말 그대로 주민들 스스로 '사는 곳'을 수선하는 정비사업이 될 수 있다"고 말했다.

주택바우처 제도 실시 역시 시급한 과제로 꼽힌다. 국토부는 주택바우처 시범사업을 위해 2012년도 예산 20억 원을 신청했지만 정부 예산안에는 한 푼도 반영되지 않았다. 이 제도가 전면 실시되면 막대한 예산이 필요하다는 게 기획재정부 논리다.

재정이 부담된다면 4~5년 정도 시범사업을 한 후 제도적·재정적으로 보완해 실시하는 방법도 있다. 1년에 20억 원의 예산이면 서울시 무상급식 예산인 695억 원의 3% 수준이다. 변창흠 세종대 교수는 "월세 상한제 등 시장 규제책의 방법이 불가능하다면 저소득층에게 '바우처 발급'을 통해 주거비를 보조하고 집주인에게는 정부가 인센티브를 주는 방식은 가능하지 않겠느냐"고 말했다.

서울에선 지난 2011년 말 보궐선거를 통해 당선된 박원순 서울시장이 선거공약으로 내세운 '두꺼비하우징'이 새로운 재개발 대안으로 눈길을 끌고 있다. 새 개발모델로 관심이 집중되는 '두꺼비하우징' 시범사업지인 서울 은평구 신사2동 일대. 서울 은평구 신사2동 237 일대는 대표적 서민동네다. 총 719명 234가구(10월 기준)가 살고 있다.

기초수급자는 6.4%로 15가구이고 장애인 25명, 아동 130명이 있다. 최근 이곳에는 기대감과 우려가 동시에 교차하고 있다. 두꺼비하우징이라는 새로운 형태의 개발 방식이 발표됐기 때문이다. 이는 2010년 당선된 김우영 은평구청장의 공약이었는데 최근 박원순 서울시장이 자신의 공약으로 흡수하면서 새로운 재개발지역 개발 모델로 관심이 집중되고 있다.

두꺼비하우징은 은평구가 사회적 기업을 통해 주택 개·보수와 도로, 주차장, 공원 등 기반시설의 확충을 돕고, 이후에도 아파트처럼

새 개발모델로 관심이 집중되는 '두꺼비하우징' 시범사업지인 서울 은평구 신사2동 일대

관리해 주는 사업이다. '헌 집 줄 게, 새집 다오'라는 전래동요에서 이름을 따왔다.

두꺼비하우징의 핵심은 은평구청이 주도하는 편의시설, 주차장 확보, 도로 정비 등 기반시설 공급과 (주)두꺼비하우징, 우리은행이 주도하는 자택 수리와 저리 대출이다. 주민 스스로 정비계획을 세우는 것으로 별도 지구계획을 두지 않는다. 자발적이다 보니 형편에 맞게 수리할 수 있고 원주민이 강제로 떠밀려 쫓겨가는 일도 없다.

황영범 은평구청 두꺼비하우징팀장은 "박 시장 취임 이후 서울시와 SH공사에서 자료를 달라는 요구가 많다"며 "박 시장이 관심이 많은 만큼 예산 증액도 요청해 2012년 4~5월 초순 착공할 예정"이라고 말했다.

우리은행은 지난 2011년 말 두꺼비하우징을 지원하는 금융상품을 내놨다. 사업에 참여하는 구역 내 주민은 5년간 분할상환 조건에 2,200만 원 한도로 차입할 수 있다. 6개월 기준 4.9% 변동금리다. 대출을 받기 위해서는 은평구청 같은 지방자치단체 추천이 필수적이다.

문제는 아직까지 주민 반응이 싸늘하다는 것이다. 여기에는 여전히 기존 재개발 방식을 통해 새집을 짓고 차익을 챙길 수 있다는 기대감과 함께 다수 세입자들은 여전히 혜택에서 소외되는 맹점이 자리 잡고 있다. 62세 정복순 씨는 "집을 고쳐주고 그 돈을 할부로 갚는 것인데 정말 집수리가 필요한 사람들은 집이 없거나 있어도 이자를 부담할 능력이 없다”고 토로했다. 실제 두꺼비하우징론 상품이 출시됐지만 아직까지 신청자도 없다.

박상언 유엔알 컨설팅 대표는 “취지 자체는 좋지만 결국 정부가 얼마만큼 주민의 금융 부담을 덜어줄 수 있느냐에 사업 성패가 달려 있는 것 같다”며 “정말 추진을 제대로 하려면 시 차원의 예산 지원이 불가피할 것”이라고 말했다.

새로운 주거분노의 해법이 필요한 배경은 무엇보다 사회에 막 진출하거나 진출 후 어느 정도 경제적 기반을 다져가기 시작한 중산층이 급속도로 붕괴되고 있기 때문이다.

한국갤럽 조사에 따르면 지난 2012년 4·11 19대 총선에서 서울지역 30~40대의 진보성향 야권정당 투표율은 각각 76.5%, 68.7%에 이르렀다. 2011년 10월 서울시장 선거에서 무소속 박원순 후보를 압도적 표 차이로 30~40대가 지지했을 때의 ‘복사판’이다. 20대층의 압도적 야당 지지는 주로 SNS에서의 응집력을 이유로 꼽지만 30~40대의 야당몰표 현상은 좀 더 복합적으로 분석된다. 이명박 정부에 대한 전반적 불신 외에도 부동산경기 추락에 따른 자산붕괴 박탈감 등도 큰 영향을 미쳤다는 분석이다.

3040세대는 학번으로 치면 1990년대 학번이 주류를 이룬다. 변창흠 세종대 교수는 “부동산버블과 투기 붐이 일었던 지난 2000년대 중반 주택시장에 뛰어든 사람들이 이들 연배였다”고 말한다. 이

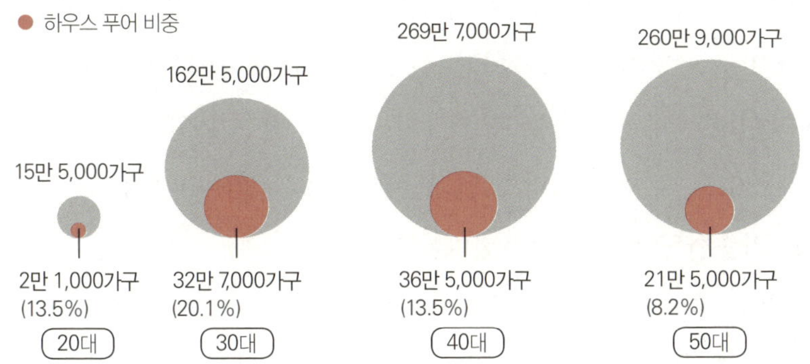

들은 2005~2006년 부동산 붐이 일기 시작할 때 대부분 직장에 첫 발을 내디뎠거나 10년차 미만 사회인이었다. 통계청 가계금융조사의 지난 2010년 가계부채 총액을 살펴보면 30대 가구주 부채는 5,632만 원으로 30대 미만의 3배에 이른다.

이 자료를 토대로 현대경제연구원이 분석한 〈하우스 푸어의 구조적 특성〉 보고서에서는 30~40대 가구주의 주택대출 부담이 가장 크게 나타난다. 30대 중 20.1%가 하우스 푸어로 집계돼 연령대별로 가장 많은 분포를 나타냈다

경기 고양식사지구에 5년 전 아파트를 분양받은 후 집값 추락으

로 잔금을 치르지 못해 건설사와 법적 분쟁을 치르고 있는 39세 윤모 씨. 윤 씨는 인터넷 카페에서 단체소송을 위해 회원을 모으다 자신과 비슷한 연배의 회원이 많다는 사실을 알고 '깜짝' 놀랐다. 소송에 참여하는 수분양자의 3분의 1이 자신과 같은 1970년대 출생이었다. 2011년부터 불어닥친 전세난은 집 없는 30~40대 '렌트 푸어'에도 비슷한 반작용을 일으켰다는 평가다.

지난 18대 국회에서 여당이 승리했던 고양 덕양갑 지역은 이번에 진보통합당 심상정 후보가 다시 자리를 뺏어온 지역구다. 이곳은 서울 근교치고 비교적 집값이 싸 광화문, 상암 일대로 출근하는 30~40대 직장인의 전세밀집지역 중 하나로 꼽힌다.

덕양구 화정동 옥빛마을 아파트 전용 60㎡ 아파트는 매매값이 지난 2009년 2억 7,000만 원 수준에서 2012년 현재 2억 5,000만 원 수준으로 하락했다. 반면, 전세금은 1억 2,000~1억 3,000만 원에서 최근 1억 7,000~1억 8,000만 원까지 올랐다.

화정동 인근 A공인 관계자는 "새누리당 손범규 의원이 지역에서 광장 조성 등 많은 일을 했지만 낙선했다"며 "집 없는 사람들은 높은 전세금 상승에 대한 박탈감으로 집 있는 사람은 집값 하락에 대한 불만으로 여느 때보다 야당 찍은 사람이 많았다는 얘기가 있다"고 전했다.

Chapter 04

1% 대 99%
무엇이 다른가

'1%에 대한 99%의 분노.'

2011년 미국 월가 점령 시위대가 내건 구호다. 이들은 "미국 최고 부자 1%가 전체 부의 50%를 장악하고 있다"며 금융권 탐욕에 분노한다. 그렇다면 한국은 어떨까? 금융자산이나 고액연봉보다는 부동산 격차가 심한 것으로 나타났다. 매일경제가 통계청 〈2010년 가계금융조사 원시자료〉를 토대로 전국 1,691만 가구를 정밀 분석한 결과 자산 순위 1% 부자는 평균 32억 3,000만 원어치 부동산을 보유한 것으로 집계됐다.

나머지 99% 계층이 보유한 평균 부동산(1억 7,000만 원)에 비해 18배 많은 규모다. 1% 부자들이 보유한 부동산 가치를 모두 더해 보니

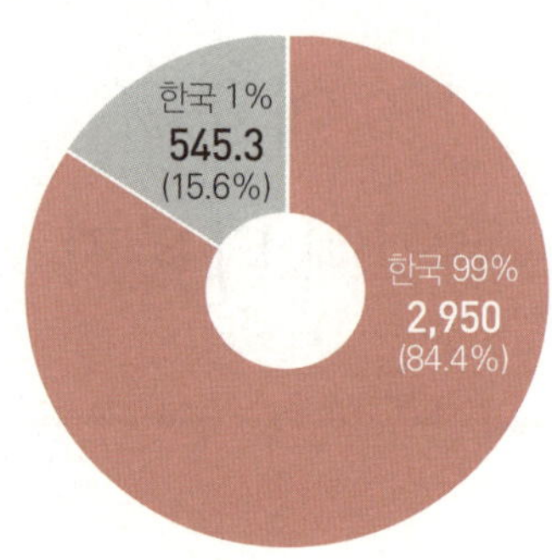

545조 3,000억 원에 달했다. 이는 대한민국 전체 가계 부문 부동산 가치(3,495조 원)의 6분의 1(15.6%)에 해당한다. 과거 부(富)를 키우는 주된 코스가 주택 등 부동산이었음이 통계적으로 확인된 셈이다.

'가구주가 55.9세 남성으로 수도권에 거주하며 대졸 이상 학력을 가진 자영업자.'

대한민국 자산 상위 1% 부자 가구의 전형적인 모습이다. 자산상위 1% 부자의 평균 가구원 수는 3.3명이다. 가구주를 보면 50대가 전체의 31%로 가장 많았고, 60대와 40대 등 순으로 나타났다. 평균 나이는 55.9세다. 부자 10명 중 7명 꼴로 4년제 대학 이상을 나온 고학력자로 나타났다. 이 중 4년제 대학만 나온 비율은 48.9%, 대학원 이상 학력은 18.6%를 차지했다.

평균나이	55.9세
가구원 수	3.3명
학력	4년제 대졸 이상(67.5%)
직업	자영업자(59.1%)
거주형태	수도권(77%)
주택종류	아파트(64.9%)
평균전용면적	136.8㎡
여유자금 운영	저축 등 금융투자(54.9%)

종사상 지위를 보면 자영업자가 전체의 59.1%를 차지했다. 상용임금근로자는 22.5%, 은퇴 등은 18.2%를 기록했다. 거주지는 서울, 경기, 인천 등 수도권(77%)에 집중돼 있고, 평균 전용면적은 136.8㎡이다. 부자들은 여유자금이 있을 때 저축이나 금융자산에 투자한다는 답변이 전체의 54.9%로 가장 많았다. 문제는 1%가 아니라 나머지 99%다.

고성장·인구 증가 시대가 막을 내리고 저성장·인구 정체 시대가 오면서 집이 노후연금 기능을 해왔던 과거 '부동산 신화'는 지나고 못 가진 자를 이중으로 괴롭히는 양날의 칼이 돼가고 있다. 1% 부자들에 대한 부동산 편중이 개선되지 않은 반면 중산층 형성을 위한 사다리만 걷어치워진 꼴이다. 피해는 무주택자와 대출을 얻어 간신히 집을 마련한 예비 중산층, 집을 발판 삼아 노후생활에 대비해야 하는 중년 중산층이 뒤집어쓰는 상황이다.

2011년 10·26 서울시장 보궐선거에서 분노를 드러낸 20~40대가 딱 그런 세대다. 수도권에 거주하는 가구주 62세 A씨가 대표적이다. 4년제 대학을 졸업한 뒤 30여 년간 일하다가 지금은 은퇴해서 부인을 비롯해 자녀 1명과 전용면적 181㎡인 단독주택(가치 15억 원)에 살고 있다. 또한 별도로 20억 원짜리 건물을 투자 목적으로 보유하고 있으며, 은행에 예치한 금융자산만 해도 28억 원에 달한다. 기타 자산까지 포함하면 총자산은 63억 4,000만 원으로 불어난다. A씨는 월평균 적정생활비로 1,000만 원이 필요하다고 했다.

지방에 거주하는 41세 남성 B씨. 전문대를 졸업하고 지금은 자동차 분야 기능직으로 일하면서 매월 320만 원을 벌고 있다. 자신 소

대한민국 부자 1% vs. 99% 비교 (단위=조 원)

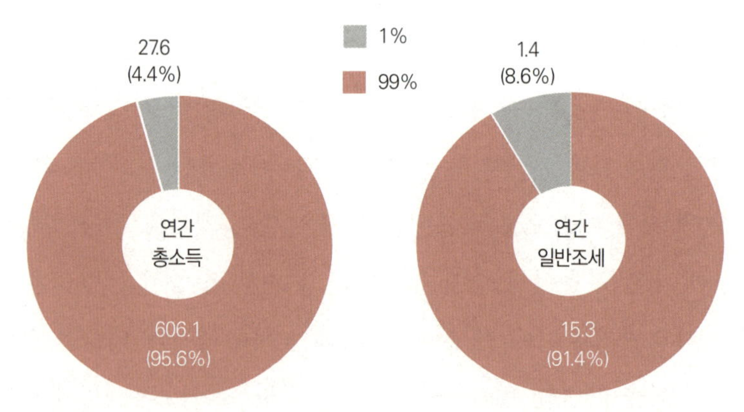

유의 전용면적 84㎡ 아파트(가치 1억 5,000만 원)에 살고 있으며, 가구원은 총 4명이다. 토지 등을 포함하면 부동산 자산은 모두 1억 8,300만 원이다. 예금(2,700만 원)과 주식(1,500만 원) 등 금융자산도 4,200만 원 있다. 그러나 부채도 1,800만 원 있다. 그는 적정생활비로 250만 원이 든다고 했다.

통계청 자산조사에서 나타난 대한민국 계층 간 양극화 현실이다. 대한민국 자산 1% 부자들은 전국 부동산의 6분의 1인 545조 원을 집중적으로 보유하고 있다. 일반 가구도 부동산에 집착하기는 마찬가지다. 전국 가구 자산의 75.8%가 부동산에 묶여 있는 실정이다. 이에 따라 부동산 가격 변동은 가계 살림에 가장 민감한 지표가 됐다. 또한 사회적 갈등을 유발하고 상대적 박탈감에 이어 분노까지 일으킬 수 있는 위험 요소로 작용한다.

통계청의 〈2010년 가계금융조사 원시자료〉를 재분석한 결과 전국 1,691만 가구 가운데 자산 순위 1% 부자 가구인 16만 8,300가구가 보유한 평균 총자산은 36억 9,000만 원이었다. 이 중 88%인 32억 3,000만 원이 부동산에 해당된다. 1% 부자들은 평균 8억 1,000만 원짜리 주택에 살면서 건물과 토지, 아파트 등 비거주 주택에도 24억 원가량을 투자하고 있다. 일반 99% 가구들이 1억 원짜리 주택에 살면서 6,500만 원가량 비거주 주택에 투자해 총 1억 7,000만 원 가치의 부동산을 보유한 것과 비교된다.

또한 1% 부자들은 평균 3억 8,000만 원의 예금과 펀드 등 금융 자산을 갖고 있다. 자동차, 회원권, 귀금속 등 기타 자산도 6,500만 원어치에 이른다. 1% 부자들의 부채는 4억 8,000만 원으로 절대 규모는 크지만 소득에 비하면 상대적으로 매우 작은 편이다. 한국처럼 재벌총수 등 일부 소수에게 자산이 집중된 경우 통계적으로 추정하기 어려워 집계에서 누락된다는 점을 감안하면 대한민국 1%는 통계치보다 더 많은 자산이 집중됐을 수도 있다고 통계청은 설명한다.

부동산에 비해 계층 간 소득 차이는 작은 편이다. 통계청의 〈2011년 2분기 가계동향 원시자료〉를 재분석한 결과 소득수준으로 보면 대한민국 상위 1%는 연간 평균 1억 6,700만 원을 벌어 9,200만 원을 지출하다 보니 7,500만 원의 흑자를 거둔다. 대한민국 99%의 연간 흑자액(671만 원)에 비해 11.2배 많은 것이다.

최고 부자들은 소득만큼 씀씀이가 많지는 않다. 1% 부자의 평균 소비 성향은 46%로 나머지 99% 가구(78%)보다 낮다. 1% 부자들은 소득에 비해 많은 세금을 내는 것으로 집계됐다. 이들은 가구당 평균 연 874만 원의 경상조세를 내고 있어 99% 계층(95만 원)보다 9.1배 많다. 1% 부자들의 연간 총경상조세 부담액은 1조 4,400억 원으로 전체의 8.6%를 차지했다.

대한민국에서 '집'은 분노의 원천이다. 무주택자는 물론이고 집을 가지고 있는 상당수 국민도 '집' 때문에 분노한다. '언젠가 집값은 다시 오른다'와 '언젠가 집값은 꺼진다'는 상반된 기대감이 분노를 재생산하는 구조다.

2011년 4·27 분당을 보궐선거와 10·26 서울시장 보궐선거에서 드러난 민심도 마찬가지다. 집값이 너무 떨어져도 표가 떨어지고, 주거부담(전월셋값)이 너무 늘어나도 표를 갉아먹는 게 현실이다. 전문가들은 고성장 시대의 낡은 부동산 정책 패러다임을 치우고 저성장에 걸맞은 새로운 패러다임을 도입해야 한다고 주문한다.

핵심은 다주택자 처리 문제다. 전문가들은 과거와 달리 정부가 다주택자들에 대한 중과세 폐지를 통해 시장에서 주택 자원이 재배분될 수 있도록 유도해야 한다고 지적한다. 또 분양 위주인 공공주택 공급정책을 지양하고 임대주택 공급을 획기적으로 늘리는 것을 해답으로 꼽는다. 주택 거래 활성화와 주택 공급 확대, 주택가격 안정을 동시에 꾀할 수 있다는 설명이다. 다만 재정에 한계가 있으므로 다주택 허용을 중심으로 하되 재정이 감내하는 선에서 임대주택을 늘려가는 것이 정답이라는 분석이다. 결국 전문가들은 획기적인 발상의 전환이 필요하다고 충고한다. 다주택 보유를 허용하고 임대주택을 늘리라는 것이다.

서울 은평구에 3채의 집을 갖고 있는 63세 권모 씨는 그런 사례다. 그는 불광동에 있는 85㎡ 규모 아파트에 거주하면서 두 채의 다세대 주택들은 전세로 임대하고 있다. 최근 그는 세입자들로부터 "요즘 같은 세상에 아저씨 같은 집주인이 있어서 다행"이라는 감사 문자를 받았다. 주변에서 너도나도 월세로 전환하고 전세금을 올리는데도 불구하고 2년 전과 동일한 조건으로 전세를 줬기 때문이다.

권 씨는 "교직에 있을 때 퇴직 후 월세라도 받아 노후생활을 하려고 사났던 집"이라며 "팔고 싶어도 사겠다는 사람도 딱히 없어 마지못해 전세로 주고 살고 있는 것"이라고 말했다. 마음씨 좋은 집주인 권 씨도 2주택 이상을 가진 다주택 보유자로 집값 급등의 주범으로 몰리던 시절이 있었다. 권 씨는 "집 3채를 모두 합해봐야 10억 원도 안 된다"며 "친구들은 강남의 한 채에 9억 원짜리 주택을 팔아도 양도세를 한 푼도 안 내는데 나는 수억 원을 양도세로 물어야 하니 팔지도 못하고 있다"고 하소연했다.

다주택자 양도세 중과제가 부동산 가치에 따라 과세되는 것이 아니라 몇 채를 갖고 있느냐에 따라 부과되는 허점을 갖고 있기 때문이다. 당시 참여정부 논리는 다주택자 매물이 시장에 나오면 집값이 떨어진다는 것이었다.

그러나 제도 시행 후인 2006년 집값은 전국 평균 11% 안팎으로 되레 올랐다. 다주택자들이 집을 파는 대신 버텼던 것이다. 다주택자들이 집을 팔지 않고 버틴 이유는 간단하다. 팔라고 강요만 했지 퇴로는 전혀 마련해 주지 않았기 때문이다. 다주택자들은 3년 이상 5년 미만은 10%, 5년 이상 10년 미만은 20%, 10년 이상은 30%의

다주택자 양도세 중과 개요

도입 취지	주택투기 수요 억제 및 이익 환수
도입 시기	2003년 10·29대책(1가구 3주택 이상), 2005년 8·31대책(1가구 2주택 이상)
중과 내용	3주택 이상의 경우 2004년 1월 1일 양도분부터 60% 세율 적용 2주택은 2007년 1월 1일 양도분부터 50% 세율 적용
한시적 완화	2009년부터 2주택은 기본세율로 낮추고 3주택은 45%로 하향 조정

세금을 깎아주는 장기보유특별공제에서도 제외돼 있었다. 취득 시점에 따른 물가상승률조차 반영하지 못했던 것이다.

박상언 유엔알컨설팅 대표는 "예컨대 다주택자가 죽을 때까지 주택을 보유하다 자식이 물려받아 상속세를 내는 것이 다주택 매각을 통해 중과세를 받는 것보다 더 유리할 수도 있다"며 "시장에 매물이 나오지 않는 '동결 현상'이 일어나는 게 당연하다"고 말했다. 조주현 건국대 교수는 "60%의 단일 양도세율은 벌금과 다름없으며 나라마다 양도세를 낮추는 트렌드를 봐서라도 이번 기회에 영구적으로 폐지하는 게 맞다"고 강조했다. 다주택자의 주택을 시장에 재배분하는 퇴로를 막아놨으면 공공주택 공급이라도 제대로 해야 했다.

하지만 현실은 그렇지 못했다. 참여정부 때는 국민임대 150만 호 건설계획이 추진됐으나 5년간 실제 사업승인물량은 60만 가구에 그쳤다. MB정부 들어 새롭게 추진된 '보금자리주택' 사업 역시 같은 길을 걷고 있다. LH는 최근 2011년 보금자리주택 전체 사업승인

물량을 당초 15만 가구에서 10만 가구로 수정해 최근 국토부에 보고했다. LH의 재정난으로 도저히 사업추진 여력이 없다는 것이다.

설상가상 공공임대주택 공급도 줄고 있다. LH의 주택 공급 계획 및 실제 모집 현황을 보면 공공임대주택 공급량은 2009년 6만 2,000여 가구에서 2010년 4만 9,000가구로 1만 3,000여 가구나 줄었다. 서울·수도권의 2011년 상반기 국민임대주택 공급량은 1만 196가구에 그쳤다. 이원용 부동산경제연구소 소장은 "땜빵 식으로 양도세 중과제도 완화 연장조치를 한시적으로 반복하다 보니 주택 보유자들은 보유자들대로 가격이 오를 때까지 버텨보자는 심리가, 매수자들은 더 떨어질 때까지 버티자는 심리가 맞서 시장을 더 왜곡하고 있다"고 지적했다.

남희용 주택산업연구원장도 "정부가 보금자리주택을 임대 위주로 정책전환을 하든지 다주택자에 대한 중과 폐지를 통해 시장에 매물이 나오도록 유도하는 것이 바람직하다"고 설명했다.

네티즌, 무엇을 말하나

'시가인숙불가인(是可忍孰不可忍).'

〈논어-팔일(八佾)〉 편에는 춘추시대 공자가 노나라 계손 씨의 오만 방자한 행동에 격분했다는 대목이 나온다. 그는 "이번 일을 참는다면 무슨 일인들 못 참겠는가" 하고 역정을 냈다. 평소 공자는 "자기 분노를 남에게 옮기지 마라(不遷怒不二過)"고 설파했다. 하지만 모든 일에서 분노를 참은 것은 아니었다.

노나라 계손 씨는 주군인 소공(昭公)마저도 움직일 정도로 권력을 행세했는데, 계손 씨가 제례 때 천자만이 행할 수 있는 8일무를 행한 데 대해 극도의 분노를 표출한 것이다. 예법을 중시하는 공자로선 천하질서를 어지럽히는 계손 씨의 행위야말로 도저히 참을 수 없었던 분노의 대상이었던 셈이다.

매일경제가 '분노의 시대'를 연재하는 동안 독자 전화가 쇄도했고, 포털 등 인터넷에선 3,000건이 넘는 댓글이 달렸다. 한결같이 그들은 '시가인숙불가인'이었다. 무엇인가 그들을 도저히 참을 수 없게 만들었다는 것이다. 독자들의 분노를 댓글 등을 통해 살펴봤다.

분노의 시대 시리즈는 첫 회부터 반응이 뜨거웠다. 1회에만 1,300

건이 넘는 댓글이 달렸다. 네티즌은 정치권과 기득권에 대한 불신을 여과 없이 드러냈다. 네티즌 134***은 "적절한 표현이다. 서민도 부자도 행복하지 않은 나라"라면서 "행복지수를 위해서도 거리로 내몰리는 근로자 애환을 껴안아야 한다"고 주문했다.

네티즌 s***은 "다른 분들이 어떤 생각을 하고 어떻게 살고 있는지 정말 궁금했는데 이런 기획을 준비해준 분들께 감사드린다"며 "나이 50이 넘어 개인 사업을 하고 있는데 정말 노후에 어떻게 살아야 할지 막막하다"고 말했다.

네티즌은 고비용·저효율 사회에 대한 불만이 컸다. 네티즌 찰*은 "당장 살기도 힘든데 정부는 출산 장려만 한다. 하지만 우리나라 현실은 지금 출산할 상황이 못 된다"면서 "알뜰히 번 것을 막대한 양육·교육비에 대려니 허리가 휠 정도"라고 말했다.

비정규직은 정규직 과잉보호에 분노를 쏟았다. 네티즌 아름다***은 "난 기술이 누구 못지않은 엔지니어"라면서 "하지만 위험한 먼지와 뙤약볕 아래서 죽어라 일해도 임금은 (정규직에 비해) 절반이고, 경력이 두 배로 많고 자격증 등 객관적 실력이 뛰어나지만 복지나 급여 차별이 심하다"고 지적했다.

특히 '강남 분노리포트'를 둘러싼 계층 간 찬반은 확연히 엇갈렸다. 네티즌 시*은 "개발 덕분에 자고 일어나서 돈방석에 앉아 졸부가 된 이가 강남 사람들 아니냐"고 불만을 터뜨린 반면 또 다른 네티즌 늘**은 "강남에 부자들만 산다는 주장은 우스운 얘기다. 거

의 전세 사는 사람"이라고 반박했다.

'분노의 중산층 지출보고서'에서 6,000만 원 소득자가 교육비 지출로 허리띠를 졸라맨다는 내용을 놓고도 계층 간 찬반이 크게 엇갈렸다.

네티즌 사랑을심***은 "연봉 6,000만 원을 받는 사람이 분노를 느낀다는 것은 살림살이를 잘못했든지 아니면 노름을 했든지 투자를 잘못하지 않고는 있을 수 없는 일"이라며 "월 100만 원 미만을 받는 사람들이 얼마나 많은지 알고 있냐"고 따졌다. 하지만 네티즌 삐**은 "국민 부담률이 간접세까지 포함하면 25%에 육박하고 교육비 비중도 만만치 않다"며 "연봉 6,000만 원이라도 자신이 쓸 수 있는 돈은 월 50만 원도 안 된다. 물 쓰듯 세금 쓰는 정부 관료나 정치인이 적"이라고 주장했다.

‘분노의 샘은 바로 집’ 편에서는 다양한 분노들이 터졌다. 특히 1990년대 학번들은 선배 세대에 대한 불만이 높았다. 네티즌 황금***은 “다 같은 하우스 푸어라고 하지만 집값 상승 수혜자들은 60대”라며 “그들이 현재 이런 제도와 분위기를 만든 것 아니냐”고 격앙했다.

고졸 출신들은 대졸자에 대한 불만을 드러냈다. 한 네티즌은 “운 좋게 대학 나온 사람들은 좋은 직장 들어가서 고도성장 찬양하며 호의호식했다”면서 “하지만 고졸들은 저임금에 뼈 빠지게 고생하면서 살았다”고 분노했다.

현실에 지친 장년층들은 차라리 옛 시대를 그리워했다. 네티즌 달려***은 “TV 라디오 없고, 개구리 뒷다리 구워 먹던 시절에 삼밭 사이로 술래잡기 하며 놀던 시절이 그립다”며 “지금은 모든 것이 사라진 인간시장 그 자체일 뿐”이라고 토로했다.

네티즌 뮤직***은 “콩 한 쪽도 나누어 먹으며, 서로 돕고, 서로 외로움을 달래주고 아픔을 감싸주고, 서로를 살리는 그런 아름다운 세상을 만들 수 있지 않겠느냐”며 “협력이 답이다. 우리는 하나의 공동운명체”라고 강조하기도 했다.

Part 3

희망의 사다리는
왜 걷어차였나

Chapter 01

2040대 세대
무엇이 그들을 유랑하게 만들었나

"고향이 어디세요?"

흔해빠진 이 질문에 선뜻 대답할 수 있는 사람들이 점차 줄어들고 있다. 수도권 중산층과 서민들은 개발에 밀려 또는 치솟는 전세금에 치여 정처 없는 유랑을 계속해야 하기 때문이다.

한 동네에 적응하려고 하면 전세금을 올려달라는 임대인의 요구에 새로운 동네를 찾아다녀야 한다. 전학을 거듭하는 자녀가 '왕따'라도 당하지 않을까 걱정되기만 한다. 임차인뿐 아니라 그들의 자녀들까지 마음 편히 머물 보금자리는 없다. 괜찮은 곳에 수억 원 하는 집을 가져도 '돈 되는 집', '교육에 보탬이 되는 집'을 찾아다니다 보면 한 곳에 뿌리내리고 살 수 없다. '살고 싶은 곳'에 사는 게 아니라 '살 수 있는 곳'에서 살아야 한다. 그마저도 언제 '살 수 없는 곳'이 될지 기약할 수 없는 게 대한민국 중산층의 현실이다.

매일경제가 국토연구원의 〈2010년도 주거실태조사 연구보고서〉를 입수해 재분석한 결과, 2010년 말 기준 전국의 비자발적 이동인구비율이 9.39%로 나타났다. 비자발적 이동인구비율은 현재 주택으로 이사한 이유를 묻는 설문에 '집세가 비싸서 또는 집주인이 나가라고 해서'라고 응답한 비율을 뜻한다. 비자발적 이동인구비율은 2006년 7.95%, 2008년 조사 때는 6.97%로 낮아졌다가 2010년 이후 크게 증가했다. 김태환 국토연구원 연구원은 "최근 수년간 급상승한 전세금과 재개발·재건축 진행에 따른 이주 증가 등으로 비자발적 이동인구비율이 늘어난 것으로 보인다"고 분석했다.

시·도별로 분석한 결과 광역시 단위는 2006년 10.96%에서 2010년 8.95%로 오히려 비자발적 이동인구비율이 하락한 반면 수도권은 2006년 8.22%에서 2010년 10.88%로 대폭 증가했다. 특히 서울에서 이 비율은 8.68%에서 11.57%로 가장 큰 폭의 증가세를 나타냈다. 서울 시민 10명 중 1명 이상이 본인 의사와는 무관하게 쫓겨나듯 살던 집을 떠나고 있다는 얘기다.

치솟는 전세금과 불도저식 개발로 삶의 터전을 옮기는 유랑민 상당수는 저소득층과 중산층이다. 비자발적 이동인구비율을 소득계층별로 분석한 결과, 저소득층이 14.35%(소득 1~4분위)인 것으로

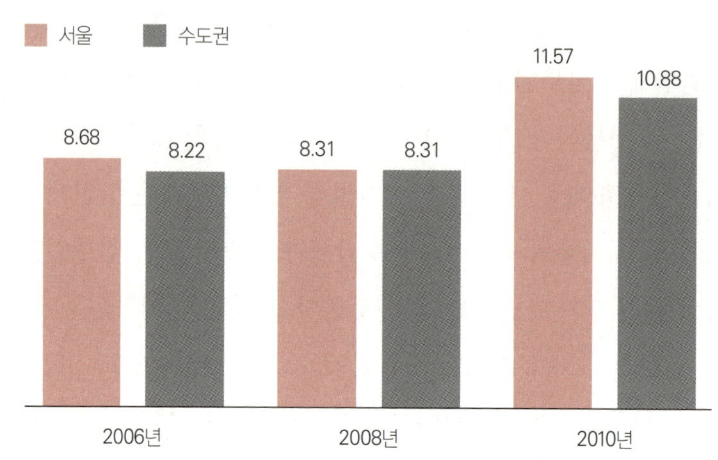

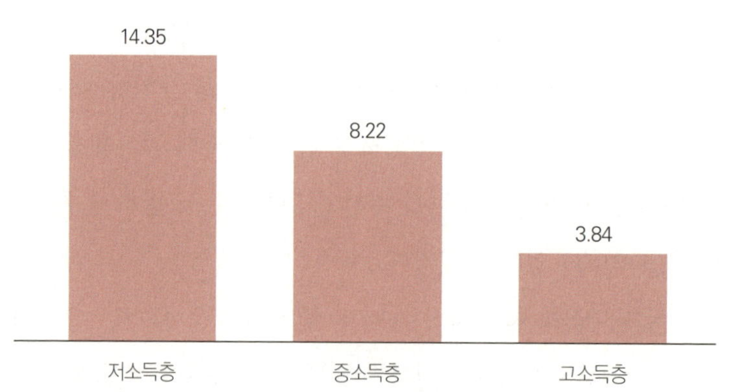

*비자발적 이동 비율은 현재 주택으로 이사한 이유 중 "집세가 비싸서 또는 집주인이 나가라고 해서"로 응답한 비율

나타났다. 이에 비해 고소득층(9~10분위)은 3.84%에 불과했다. 저소득층의 비자발적 이동인구비율은 고소득층의 4배에 달한다는 얘기다. 중소득층(5~8분위)의 비율도 8.22%에 달해 고소득층의 2배를 훌쩍 뛰어넘었다.

저소득층은 고소득층보다 더 많은 비자발적 이사를 하며 모자란 전세금을 충당하기 위한 대출 비용과 포장이사 비용을 들여야 한다. 2~4년 단위로 이사를 다니는 통에 기껏 만들어놓은 이웃사촌은 온데간데없다. 친구를 잃는 자녀들의 설움도 빠질 수 없는 고민거리다.

서울 마포구 동교동에서 자취를 했던 24세 대학생 이승균 씨는 지난 2011년 가을학기가 시작된 지 석 달이 지나도록 방을 구하지 못해 결국 휘경동에 있는 친척집에 얹혀살기 시작했다. 월 40만 원 안팎이던 원룸 월세 값이 55~60만 원으로 치솟자 부담을 이기지 못해 방을 뺀 후 고시원을 전전하다 결국 부모님 권유로 '더부살이'를 하게 된 것이다.

이 씨는 "원래 대학생들이 주로 살던 곳인데 직장인들이 싼 월세를 찾아 대학가 주변으로 오면서 월세가 갑자기 올랐다"며 "주변에 방이 없어 아예 경기도 고양이나 일산 쪽 다가구주택을 찾아 나가야 할 것 같다"고 말했다.

재건축 아파트 단지가 몰려 있는 서울 강동구 고덕동 다가구주택에 사는 49세 강수연 씨. 강 씨는 2011년 12월에 끝나는 전세계약 생각으로 밤잠을 설쳤다. 인근 고덕지구 재건축 아파트 이주를 앞둔 시점이었다. 주변 전세금은 2011년 들어서만 4,000~5,000만 원씩 올랐다. 2009년 방 네 칸짜리 집에 전세를 살았던 강 씨는 방 한 칸을 줄여 고덕동 거처에 머물고 있지만 월세로 옮겨야 할까 하는 걱정에 시달려야 했다.

한 번 꼬인 유랑민 신세는 사슬처럼 벗어나기 힘들다. 답십리 원룸형 주택에 살고 있다는 43세 오종규 씨는 "5년간 이사만 벌써 네 차례"라며 "원래 길음동에 살다가 그쪽이 재개발되는 바람에 이 쪽으로 왔는데, 이 쪽도 살던 지역이 차례차례 개발에 들어가면서 쫓기듯이 이사하고 있다"고 말했다. 개발이 예정된 지역은 조만간 집을 비워야 하기 때문에 다른 지역보다 전세나 월세가 싸기 마련이다. 궁핍한 처지로 싼 월세·전세를 전전하다 보니 유랑의 삶이 반복되고 있는 셈이다. 돈이 많다고 해서 이런 유랑의 삶에서 결코 자유로울 수 없는 곳이 서울을 비롯한 수도권이다.

수도권 내 지역별·소득계층별 평균 거주기간을 분석한 결과, 수도권 고소득층의 한 지역 평균 거주기간은 5.73년, 중산층은 5.69년, 저소득층은 7.26년으로 조사됐다. 고소득층일수록 오히려 이사 빈도가 높다는 얘기다. 물론 고소득층 이사 빈도가 높은 것은 앞선 예처럼 비자발적 이동이 아닌 자발적 이동에 속하는 것이 대부분이다. 교육과 재테크를 위해서다. 그러나 스트레스는 만만치 않다.

높은 주거비에 따른 '유랑의 분노'는 2040세대가 가장 심한 것으로 나타났다. 서울지역의 가구주 중 중산층의 임차료 및 대출금 상환 부담 정도를 재조사한 결과, 20~40대의 부담이 가장 컸던 것. 20~40대는 중산층이 가장 집중된 연령대다.

39세 이하는 전체 가구주의 43%가 "생필품을 줄일 정도로 어렵다" 또는 "부담스럽다"고 응답했고, 40대는 43.62%가 같은 대답을 했다. 이에 비해 50대와 60대는 이 비율이 각각 37.93%, 24.43%로 크게 낮았다.

사이버 공간에서 '강남'은 이름 그 자체만으로도 공격 대상이 된다. 강남이 가진 부(富)와 특권 이미지 때문이다. 그런 이미지가 각인된 배경에는 서울 강남구의 높은 집값 수준이 있다. 하지만 부자들이 모여 산다는 강남에서도 집 때문에 받는 스트레스가 작지 않다.

중견기업 임원인 56세 오모 씨는 가진 재산이 적지 않지만 스스로를 '강남 거지' 못지않은 '하우스 푸어'로 자처한다. 오 씨는 2007년 개포동에 있는 시가 11억 원짜리 아파트를 대출 6억 원을 일으켜 샀다. 그러나 해당 아파트는 2011년 10월 9억 원까지 가격이 내렸다. 버티다 못해 2억 원 손해를 무릅쓰고 집을 판 후 입시를 앞두고 있는 딸을 위해 '대전동(대치동 전세)' 아빠가 됐다. 그의 분노는 정부를 조준하고 있었다.

오 씨는 "30년 이상을 정말이지 안 먹고 안 쓰고 돈을 모았다"며

"집주인은 주택담보대출에 인생을 저당 잡힌 '하우스 푸어'로 만들고, 세입자들은 세입자대로 '렌트 푸어'로 만드는 정말 무능한 정부"라고 언성을 높였다.

강남권 주거자들이 받는 스트레스는 출산율 저하로도 연결되고 있다. 국가통계포털 시스템을 이용해 2010년 서울 지역 합계출산율을 분석한 결과 강남구(0.862명)가 종로구(0.837명)에 이어 가장 낮았다. 이는 서울 평균치인 1.015명보다 0.153명, 전국 평균치인 1.226명보다는 0.364명 낮은 수치다. 합계출산율은 출산 가능한 여성 나이인 15~49세를 기준으로 여성 1명이 평생 낳는 평균 자녀 수를 뜻한다.

강남구 합계출산율은 2000년 이후 줄곧 서울시에서 최하위 행진을 계속하고 있다. 대기업 S사에 과장으로 일하는 40세 여성 한모 씨(강남구 역삼동)는 "강남에서 아이 둘 이상을 기르려면 '엄마의 맞벌이', '아빠의 외조', '할아버지의 경제적 여유'라는 세 가지 조건이 맞지 않으면 안 된다는 게 결코 우스갯소리가 아니다"라고 말했다.

전문가들은 강남권 출산율이 낮은 것은 높은 맞벌이 비율과 교육 수준, 어지간한 중산층도 따라잡기 힘든 높은 집값 부담 등 영향이 큰 것으로 보고 있다. 중대형 아파트의 대량 보급과 강남 재건축으로 대표됐던 한국의 주거문화는 주택경기 침체와 저출산에 따른 인구감소로 일대 변혁기를 맞이하고 있다.

더 이상 집이 투기와 재테크의 수단이 아니라 말 그대로 '사는 곳'

이 되어갈 수밖에 없다는 의미다. 문제는 주택시장의 변화에 맞춰 얼마나 주택 복지자원을 효율적으로 배분할 수 있느냐는 것이다.

전문가들은 공공임대주택 확충, 재건축·재개발 소규모 개발방식으로 전환, 주거복지 예산 증액, 전세자금대출 등 정책자금 대출요건 완화, 주택바우처 제도 활성화 등의 대책이 시급하다고 지적했다. 전문가들은 무엇보다 정부가 주택 복지예산에 지금보다 더 과감한 투자를 해야 한다고 조언하고 있다.

"이미 정부 복지예산 중 가장 큰 규모를 주택부문이 차지하고 있다"는 게 기획재정부나 국토해양부의 주장이다.

그러나 꼼꼼히 뜯어보면 실상은 허무하다. 정부가 2010년에

전문가들이 제시하는 미분양 해소 및 전세난 해결책

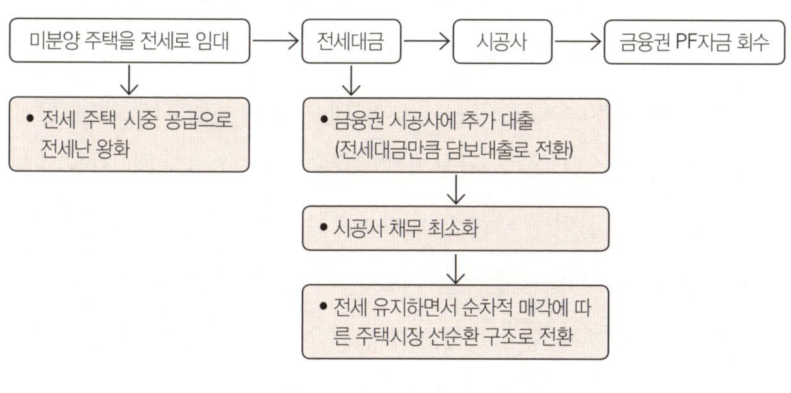

2011년도 복지비용으로 지출하겠다고 계획한 예산규모는 전체 86조 3,929억 원. 이 중 외형적으로 가장 큰 몫을 차지하고 있는 것은 공적연금(28조 원), 주택(18조 원)과 노동(12조 원)이다.

그러나 이를 세부적으로 뜯어보면 5조 7,000억 원은 순수한 지출이 아닌 융자성 자금이다. 간단히 말해 빌려줬다가 다시 받는 돈이다. 순수한 지출은 보금자리주택이나 국민임대주택을 건설하는 데 쓰는 9조 5,000억 원에 그친다.

의식주 중 가장 절실한 부분에 속하지만 다른 복지부문과 비교하면 지출이 결코 크다고 말하기 힘들다.

박태원 광운대 교수는 "투자가 작다보니 임대주택이 다른 나라에 비해 적은 것은 당연한 현상"이라며 "중산층까지 공공임대의 효과를 볼 수 있으려면 좀 더 적극적인 재원마련이 요구된다"고 말했다.

국토부에 따르면 우리나라의 공공임대주택 비율은 4.8%로 경제협력개발기구(OECD) 국가 평균인 11.5%보다 낮다. 전문가들은 적어도 향후 10% 수준까지는 공공임대주택 비율을 확대해야 한다고 의견을 제시하고 있다. 정부가 지원하는 융자성 주택복지예산도 좀 더 대상층의 문턱을 낮출 필요가 있다는 지적이다.

연이자 4%대의 서민 전세금 대출은 만 20세 이상, 부양가족이 있는 무주택 가구주로 연소득 3,000만 원 이하면 신청할 수 있다. 웬만한 직장에 다니는 수도권 근로자들로서는 이같이 까다로운 조건을 만족시켜 대출을 받을 가능성이 희박하다.

이와 유사한 저소득가구 전세자금대출은 최저생계비 2배 이내가 대상이다. 신혼부부의 경우, 세입자 전세자금 지원 대상이 연소득 3,000만 원에서 3,500만 원 이하 무주택 가구주로 넓어졌지만 실제 혜택을 받을 수 있는 대상이 많지 않다는 분석이다. '미친 전세금'의 여파를 가장 심하게 겪고 있는 층이지만 정부의 잇단 전세대책에도 효과를 전혀 보지 못하고 있는 배경이다.

맞벌이 부부인 35세 강인석 씨(서울 불광동)는 "둘 다 중견기업에 다니는데도 합산 소득으로는 4,000만 원을 웃돌아 혜택을 전혀 못 본다"며 "자산기준도 아니고 누가 어떤 이유와 기준으로 정했는지 궁금할 뿐"이라고 말했다.

수도권의 준공 후 미분양, 전세난, 하우스 푸어 문제를 동시에 해결할 방안도 제시됐다.

김신조 내외주건 대표는 "수도권에서만 2만 호에 달하는 미분양 주택을 시공사가 입주 전 전세를 놓고 일부 자금을 회수해 PF(project financing, 사업주로부터 분리된 프로젝트에 자금을 조달하는 것) 자금을 갚고 남은 주택 가치에 해당하는 금액에 대해서 금융권이 대출을 내준 후 매각이 되면 되갚는 방법도 고려해볼 만하다"고 말했다. 이를 위해서는 PF 만기가 도래하면 무조건 추가담보 등만 요구하기 일쑤인 금융권 관행의 변화가 필수적이다.

우종민
인제대 정신과 교수

분노자가 테스트 1차적 책임자는 개인

정치권과 정부, 경제체제를 향한 분노 표출이 거센 와중에서 모든 분노의 원인을 국가나 사회 탓으로 돌리는 경향은 잘못이라는 지적도 나온다. 분노를 다스려야 하는 1차적인 책임자는 개인이라는 얘기다.

《우종민 교수의 뒤집는 힘》,《읽으면서 치료하는 Dr. 우의 우울증 카운슬링》등 저서로 유명한 정신의학자 우종민 인제대 서울백병원 정신과 교수는 "한국인들이 서양인들보다 분노하는 경향이 강하다"면서 "'원래 내 것인데'라는 심리가 한국인의 마음속에 자리 잡고 있다"고 지적한다. 특히 그는 "한국인은 100년이라는 짧은 시간에 식민지 지배나 6·25전쟁, 외환위기 등 큰 외적 변화를 겪었다"면서 "이 때문에 자신과 관계없는 차별에 대해서도 무의식적으로 분노한다"고 진단했다.

우 교수는 "차별에는 분노하되 차이는 인정해야 한다"며 "자본주의 사회에서 불공평이란 근본적인 발전의 동력이자 필요악"이라고 조언했다. 그는 "어떤 일이나 경제적 성공이 100% 만족을 주지 않는다"면서 "나의 취미, 나의 즐거움, 내게 소중한 사람과 많은 시간을 보내는 나의 삶에 더욱 집중해야 한다"고 말했다.

또 분노감을 느낄 때마다 '내 분노가 정당한가', '이렇게 화를 내는 것이 좋은 해결 방법인가', '나에게 유익한가', '다른 대안은 없는가' 등 4가지 질문을 자기 자신에게 던져보라고 조언했다.

다음은 우종민 교수의 분노 자가 테스트법이다.

Q. 지난 일주일 동안 아래 증상을 얼마나 경험했는지 표시해 주세요.

(0은 '전혀 그렇지 않다', 1은 '약간 그렇다', 2는 '웬만큼 그렇다',

3은 '상당히 그렇다', 4는 '매우 그렇다'입니다)

① 나는 마음이 조급해지고, 일에 쫓기는 느낌이 든다.

② 나는 누군가를 향해 소리를 지르고 싶다.

③ 최근 행동이 거칠어 졌다.

④ 나는 누군가를 향해 욕을 퍼붓고 싶다.

⑤ 사소한 일도 참지 못하고 짜증이 난다.

총점 기준으로 0~5점 '분노 증상이 높지 않음'입니다. 크게 걱정하실 필요가 없습니다. 6~14점은 중간 정도의 분노를 경험하고 있음을 나타냅니다. 스스로 분노를 조절하는 방법들을 배울 필요가 있습니다. 15점 이상일 경우 주관적으로 경험하는 분노가 상당한 편입니다. 화를 해소할 수 있는 적극적인 방법을 모색해야 합니다.

자료: 최승미, 강태영, 우종민, 〈스트레스 반응 척도의 수정판 개발 및 타당화 연구: 근로자 대상, 신경정신의학회〉, 2006; Spielberger, C.D., 〈*Profeccional manual for the State-Trait Anger experssion Inventory*〉, 1988

Chapter 02

활개 치는 지하경제
뛰는 자 위에 나는 자

사례 1. ㅇㅇ요양병원은 환자들을 상대로 건강보험이 적용되지 않는 영양제 등을 판매하면서 현금카드 결제를 유도했다. 신용카드로 결제하면 수입이 노출돼서다. 또 간병인 식대나 소개수수료도 신고하지 않았다. 이런 방식으로 탈루한 소득이 24억 원에 달했다.

사례2. ㅇㅇ법무법인은 수임료를 법인 소유가 아닌 직원 명의 계좌를 통해 입금을 받았다. 이런 수법으로 총 21억 원을 법인 수입에서 제외해 축소 신고했다. 또 변호사들이 지출한 접대성 식사비 1억 원을 복리후생비로 돌려 신고했다. 통상 접대비는 2,000만 원 안팎만 경비로 인정되기 때문에 경비 상한 제한이 없는 복리후생비로 신고해 모두 경비로 변칙 처리한 것이다.

사례3. ○○성형외과는 대다수 병원들이 사용하는 전자진료기록부를 사용하지 않았다. 대신 담당자가 직접 손으로 장부를 적었다. 이 과정에서 소득을 축소하고 광고선전비, 복리후생비 등 경비를 실제보다 부풀렸다. 이렇게 해서 소득 14억 원을 축소할 수 있었다.

국세청이 최근 적발한 전문직 사업자 탈세 사례다. 상당수 국민들이 고소득 전문직에 대해 분노하는 이유 중 하나는 도덕성 결핍이다. 이들의 소득 탈루는 최종적으로 지하경제로 귀착된다. 지하경제는 매춘이나 마약 등 불법 거래만 해당되지 않는다. 현금으로만 거래하고 수입을 축소 신고하거나 경비를 과다 계상하는 미신고 자본이득까지 검은 경제(black economy)에 포함된다.

분명 지하경제는 국내 경제를 갉아먹는 암적인 존재다. 세금을 피하고자 공식경제에는 모습을 드러내지 않고 숨어서 활동하는 행위이기 때문이다. 특히 지하경제는 필연적으로 양극화를 부를 수밖에 없다. 정부는 재원을 늘 일정하게 걷어야 하는 존재다. 그렇다면 그들이 세금을 내지 않는다는 말은 정직한 누군가가 더 많은 세금을 납부하고 있다는 말이다.

오늘날 지하경제 규모는 얼마나 될까?

매일경제가 조세연구원이 발표한 '화폐수량방정식'을 활용해 지하경제 규모를 산출한 결과 2011년 상반기 말 현재 지하경제 규모

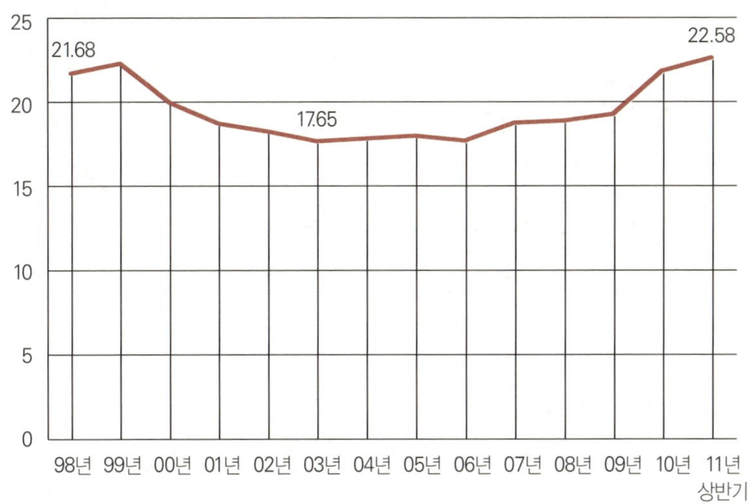

는 GDP대비 22.58%에 달했다. 1998년(21.68%)보다는 높은 수준이다. 지하경제는 1996년 24.36%에서 외환위기를 거치면서 2003년 17.65%로 하락했다. 하지만 2008년 이후 다시 상승하는 추세다. 공식 경제규모가 커지면서 액수는 더 빠른 속도로 늘었다. 2003년 135조 원에서 2011년 255조 원으로 증가했다.

2000년 들어 신용카드와 직불카드에 소득공제를 허용해 자영업자들 소득이 노출되면서 지하경제 규모가 줄었다. 하지만 건강보험 부담 증가 등으로 국민부담률이 급증(1995년 19.4%→2009년

25.6%)하면서 소득 축소에 대한 유혹이 높아졌고 이에 비례해 지하경제 비중도 높아졌다.

고소득 자영업자의 탈루율은 상당히 높다. 국세청에 따르면 고소득 자영업자의 소득탈루율은 40.9%에 달했다. 실제소득이 100만 원이라면 국세청에 신고하지 않은 소득이 무려 40만 9,000원이라는 얘기다. 특히 2010년 연매출액을 2,400만 원 미만이라고 신고한 전문직 종사자들은 전체 100명 중 15명이었다. 변호사 15.5%, 회계사 9.1%, 건축사 27%, 평가사 20.8% 수준이었다. 이들은 신용카드 가맹률이 현격히 낮다는 공통점도 있다. 연매출 2,400만 원 미만 변호사의 신용카드 가맹률은 62.4%로, 연매출 2,400만 원 이상 변호사 92.4%보다 월등히 낮았다. 그만큼 소득을 탈루할 개연성이 높다는 뜻이다.

물론 지하경제는 꼭 부자에게만 국한되지 않는다. 정부가 전통시장 활성화를 위해 전통시장에서 쓴 신용카드에 대해 소득공제율을 높이겠다고 하자, 신용카드 사용이 늘면 소득 노출도 늘어 영세 상인들이 힘들어질 수 있다는 염려가 나오는 것도 이 때문이다. 지하경제가 일정 부분 완충작용 역할을 한다는 주장이다.

하지만 아리스티데스 하치스 아테네대 교수는 그리스를 반면교사로 삼을 것을 강조했다. 하치스 교수는 이런 말을 남겼다. "그리스 재정적자(2009년 기준) 360억 유로 중 3분의 2가 탈세로 인한 것이었다. 지금도 연간 세수 95%는 3만 유로(약 4,600만 원) 미만 계

연매출 2,400만 원 이하로 신고한 전문직 종사자

구분	계	변호사	회계사	세무사	관세사	건축사
전체사업자	27,801	3,492	1,062	7,624	719	8,053
연매출 2,400만 원 이하 신고자	4,307	542	97	615	42	2,172
2,400만 원 이하 신고자 비율	15.5%	15.5%	9.1%	8.1%	5.8%	27.0%
사업자 평균매출액	2.8억 원	3.9억 원	2.8억 원	2.4억 원	3.3억 원	1.1억 원

자료=국세청

층이 내고 있다."

세금을 탈루하는 이들 때문에 꼬박꼬박 소득을 신고하는 정직한 이들이 더 많은 세금을 부담하게 돼 피해를 입고 있다는 설명이다.

정직한 납부를 유도하려면 세원은 넓히고 세율은 낮추되 적발 시 벌과금을 대폭 인상해야 한다는 지적이 설득력을 얻고 있다. 당근인 세율 인하와 채찍인 벌금 확대라는 유연한 전략이 필요한 시점이다.

또 금융 거래를 더욱 활성화할 것을 제안했다. 안종석 조세연구원 본부장 설명이다. "소득을 숨기는 사람들은 부동산 거래도 가명으로 하고 대다수 현금 거래만 한다. 거래에 반드시 금융기관이 낄 수 있도록 한다면 정보가 많이 누출돼 자기 이름을 숨길 수 없고 신고 금액도 낮출 수 없을 것이다." 이부영 대구경북연구원 실장은 소득 수준 하락에서 원인을 찾았다. "비정규직 확대로 소득 수준이 하락한 것도 한 요인이다. 근로자들이 공식 경제에서 일자리를 찾지 못하면 지하경제에서 일자리를 찾을 수밖에 없어 고품질 일자리 창출이 시급하다.”

이번 산출은 현금통화와 예금통화를 구분하고 공식경제인 국내총생산(GDP)에서 이들이 차지하는 비중이 얼마인지 따져 규모를 유추하는 방법을 사용했다. 현금통화란 요구불예금과 같은 현금성 자산이 아닌 지폐나 동전과 같은 순수한 현금을 뜻한다. 학계는 현금통화를 이용한 거래 상당부분을 현금영수증을 발급하지 않거나 소득 신고를 하지 않는 비공식경제로 간주한다. 궁극적으로 현금이든 예금이든 협의통화(M1)를 통해서만 거래가 이뤄진다는 특징이 있다.

화폐수량모형은 여기에 착안했다. 화폐수량설을 제시한 어빙 피셔가 주창한 교환방정식인 ‘M(화폐량)×V(화폐유통속도)=P(물가수준)×T(총거래량)’를 기초 방정식으로 활용했다. 총거래량 T는 공식경제와 지하경제를 합한 것으로 화폐량 M1은 현금통화(전량 지하경제 유통)와 예금통화를 합산한 금액으로 인식한다. 불법적인 지하경제는 과세당국이나 검찰이 유사시 계좌추적을 할 수 있기 때문에 예금통화를 사용하지 않는다는 것이 전제다. 또 M1 중 현금통화가 차지하는 비중이 작기 때문에 M1 유통속도가 곧 예금통화 유통속도와 같다고 가정했다. 여기에 더해 정확도를 높이고자 표준편차를 구해 평균치를 추정했다. 2010년 지하경제 규모는 직전년도 3

년간 평균 분포를 이용해 추출했다.

탈루된 세금을 정확히 파악하는 것 못지않게 체납 세금을 걷는 것도 중요하다. 국세청이 이한구 새누리당 의원에 제출한 '국세 체납액 현황'에 따르면 지난 5년간 결손 처리한 조세채권은 35조 6,004억 원에 달했다. 연평균 약 7조 1,000억 원을 걷지 못해 손실 처리하고 있다는 뜻이다. 체납발생총액도 늘어나는 추세다. 2006년 18조 4,768억 원 수준에서 2010년 22조 2,234억 원으로 20.6% 증가했다.

이한구 의원은 이에 대해 "그동안 국세청이 체납추적전담팀을 운영하고 체납정리실적에 대한 성과관리를 하는 등 다양한 노력을 했다"면서 "하지만 노력을 해도 손실만 늘고 있어 징수 업무가 한계에 다다른 것으로 보인다"고 말했다.

이 때문에 일각에선 민간신용정보회사에 채권추심을 위탁해 결손 처리를 막자고 주장하고 있다. 국고에 들어오지 못한 돈은 결국 누군가 부담해야 하기 때문에 선의의 피해를 막기 위해서도 정확히 걷어야 한다는 설명이다. 김석원 신용정보협회장은 "지방세의 경우 체납세무 공무원 1인당 평균 2만 3,000건을 담당하고 있어 현실적으로 회수가 힘들다"며 "3분의 1만 민간에 위탁해도 상당한 효과를 거둘 것"이라고 말했다.

물론 반대도 만만치 않다. 위탁 업체에 체납자 정보를 제공해야 하므로 납세자 사생활이 침해될 염려가 있으며 영리를 추구하는 민

연도	2006년	2007년	2008년	2009년	2010년
결손처분액	69,835	68,710	69,577	71,110	76,772

간추심회사가 무리한 추심행위를 하면 국민 불안이 높아진다는 것이다. 안종석 조세연구원 본부장은 "이익을 중시하는 민간 특성상 소액체납자 중심으로 추심이 이뤄질 확률이 있는 것이 사실"이라며 "논란이 해결되기 전까지는 국세청 직원들이 더욱 노력해야 한다"고 말했다.

지하경제를 막으려면 세금을 합리적으로 매기는 것이 중요하다. 과도한 과세는 사람들이 세금을 피하도록 만든다. 그렇다고 지나치게 적게 걷는다면 세원은 부족해진다. 서민들의 팍팍한 삶을 덜어주려면 고소득자에게 더 무거운 세금을 물리자는 '부자감세 철회론'은 여전히 현재 진행형이다. 다만 대상이 소득세에서 법인세로 확대된 상황이다. 2010년 9월 30일 정부가 법인세 수정을 골자로 한 세법개정안을 국회에 제출하면서부터다.

정부는 부자감세 논란을 고려해 과표 2억 원 이상 구간에 2~500억 원 구간을 신설하고 이들에 대해서는 법인세율을 22%에서 20%로 낮추는 방안을 제시했다. 대신 500억 원 이상에 대해서는 감세를 철회하겠다고 밝혔다. 하지만 새누리당은 감세가 적용되는 중간 구간을 2~100억 원 구간으로 더 낮추자고 제안했다. 정부안대로라면 법인세 감세 철회 대상은 대기업 364곳만 포함되는 데 반해 새누리당 안대로라면 중견기업이 포함돼 1,464개로 늘어난다. 양측이 팽팽히 맞서고 있는 셈이다.

법인세 감세 철회를 주장하는 측은 경제협력개발기구(OECD) 평균보다 한국 법인세율이 낮다는 점을 꼽는다. 2011년 OECD 평균 법인세율은 23.6%로 한국보다 높은 수준이다. 그만큼 상향 조정할 운신의 폭이 넓다는 얘기다.

하지만 재정부 측은 이 같은 논리가 비상식적이라고 지적한다. 재정부 관계자는 "법인세율은 외국기업이 한국에 투자하는 기준점"이라며 "그래서 선진국 평균으로 보면 안 되고 주변국과 비교해서 이들보다 경쟁력을 갖출 정도로 낮추는 것이 중요하다"고 말했다. 실제로 대만은 25%이던 법인세율을 17%로 낮췄다. 싱가포르 17%, 홍콩 16.5%도 우리보다 낮다.

더욱이 세율을 무조건 높인다고 해서 세수가 더 확보되는 것은 아니다. 이른바 래퍼곡선이다. 세율이 0%이면 세수는 없지만 세율이 100%면 활동을 거부하기 때문에 세수도 없다. 따라서 세율을 적절히 조정해 세수가 극대화되는 지점이 중요하다. 전경련이 발표한 자료에 따르면 법인세율이 1995년 28%에서 2010년 22%로 6% 포인트 낮아지는 동안 법인세수는 8조 7,000억 원에서 37조 3,000

억 원으로 4.3배 증가한 것으로 나타났다. 같은 기간 국내총생산
(GDP)이 2.9배 증가한 것을 크게 웃도는 수준이다. 세율을 더 낮추
더라도 세수가 늘 수 있다는 방증이다.

또 법인세율 인하는 다양한 계층으로 효과가 분산된다. 한국조세
연구원에 따르면 법인세율 인하는 소비자, 근로자, 주주, 법인 등으
로 혜택이 분산된다. 법인세율이 인하되는 만큼 제품 가격을 인하
할 수 있고 근로자 봉급을 늘리거나 일자리를 새로 창출할 수 있으
며 배당을 통해 주주들이 혜택을 보기도 한다는 것이다.

조세연구원은 법인세 인하로 소비자가 17%, 근로자가 8.5%, 주
주가 15%, 법인이 59.5% 이익을 분배받는다고 분석했다. 홍기택
중앙대 교수는 "감세를 철회하면 세수가 늘 것이라는 주장은 명목
과 실질을 구별하지 못한 결과"라며 "감세로 인한 실질 세수 증대
효과를 함께 고려하는 것이 합리적이다"고 말했다.

Chapter 03

강남주민 분노 리포트,
부자들이 분노하는 이유

강남(江南). 한국 자본주의의 상징이자 축소판이다. 불과 30년 전 허허벌판이던 이곳이 사람, 돈, 기업, 교육, 문화를 무한대로 빨아들이는 블랙홀이 됐다.

한국의 전체 국내총생산(GDP) 1,172조 원(2010년)의 31%에 이르는 강남 땅값(강남·송파·서초구 공지시가 365조 원)은 한국적 '쏠림 현상'을 여실히 보여준다. 강남은 일그러진 한국적 '게임의 룰'이 가장 적나라하게 적용되는 곳이기도 하다. 상위계층의 돈과 인맥이 파워를 양산해 낸다. 그래서 강남은 지난 수십 년간 '비(非)강남 한국인'을 자기연민에 빠뜨리는 원인이 됐다. 그러나 한국인을 분노케 하는 기형적인 '게임의 룰'은 강남에서도 예외 없이 잔인함을 발휘하고 있다. 서로 비교할 수 없을 정도로 극명하게 차이가 나는 소득 양극화, 그러면서도 고만고만한 아파트에 나눠 살아가는 억지 평준화의 역설이 이곳에 숨어 있다.

매일경제가 분노의 시대 시리즈를 연재하면서 국토연구원과 공동으로 '서울지역 권역별·소득계층별 주거비 부담에 따른 스트레스'를 조사했다.

조사 결과, 서울의 재건축·고가아파트 집중 지역인 강남3구·강동구 등 4개 구 전체 가구 중 8.06%가 "대출금 상환 또는 전·월세 임대료 부담에 따라 생필품까지 줄여야 한다"고 답했다. 이 지역 전체인 72만 4,000가구 중 약 5만 7,000가구가 주거비 부담으로 생활에 어려움을 겪고 있는 셈이다. 인구로 치면 203만 명 중 약 16만 명이 이

강남권 주거비 부담 따른 스트레스 (단위=%)

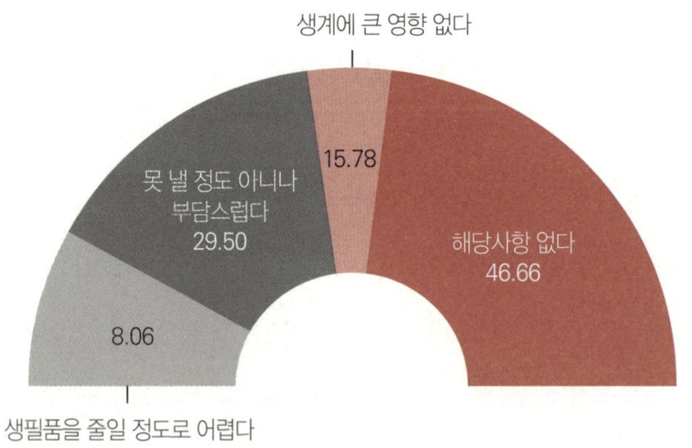

에 해당된다. 강남에 살고 있지만 '강남 스탠더드'에 접근하기 어려운 '강남 거지' 신세라는 의미다.

이 조사는 국토해양부가 지난 2011년 8월 발표한 전국 주거실태 조사의 데이터 중 서울지역 6,120여 명의 표본만 별도로 추출해 국토연구원이 권역별·소득계층별로 세분해 분석한 것이다. 강남의 경우 모든 소득계층에서 "주거비 때문에 생활비를 줄여야 한다"고 응답한 비율이 전국·서울·수도권 응답자 비율보다 훨씬 높았다.

이번 조사에서는 서울지역 권역별 점유형태도 조사됐다. 이 결과 강남·강동권 조사 가구 중 전세, 보증부 월세, 월세 및 사글세 등 임대가구 비율이 무려 62.5%에 달하는 것으로 나타났다. 강남권 거주자 10명 중 6명 이상이 세입자라는 의미다.

2000년대 초부터 집값이 뛰기 시작하면서 강남3구(강남, 서초,

서울 vs. 강남 주거형태 비교

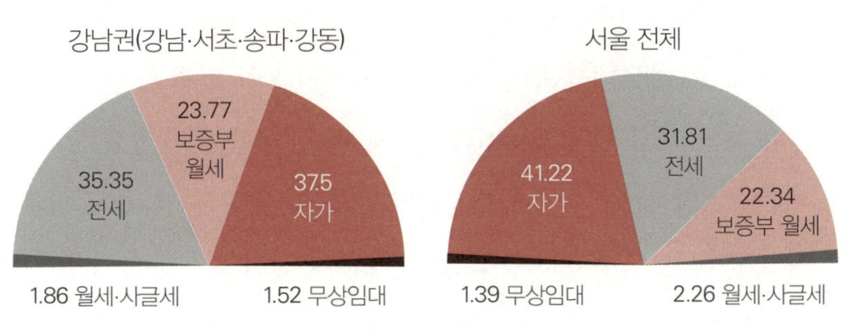

송파구)는 '승자(勝者)의 동네'라는 선입견이 사회 전반에 뿌리내렸다. 그 밖의 지역은 평범한 서민과 중산층이 그럭저럭 살아가는 '비(非)강남'으로 통칭된다. 이처럼 강남과 비강남으로 구분되는 이분법적 계층구조는 한국 사회의 분노를 끌어올리는 주요 원인으로 작용해왔다. 실제로 3.3㎡당 3,500만 원에 달하는 강남 집값은 높은 진입장벽으로 작용한다.

통계청에 따르면 지난 2010년 11월 기준 주민등록상 인구 대비 낮 시간에 머무는 사람 비율을 뜻하는 주간인구지수의 경우 강남구(183.9%)와 서초구(142.1%)는 서울 평균(108.6%)에 비해 월등히 높았다. 집값과 생활비가 비싼 강남에 머물지 못하고 서울 외곽에서 통근하는 사람들이 많다는 뜻이다.

심각한 생활수준의 차이는 반(反)강남 정서를 유발하는 주요 원인이다. 강남구의 경우 인구 1,000명당 학원 수는 3.02개로 서울 평균(1.18개)보다 세 배가량 많다. 강남구 1인당 자동차 등록대수 0.45대(서울평균 0.29대), 인구 1,000명당 의사 수 9.04명(3.4명) 등에서도 상당한 차이가 난다.

특히 교육 커뮤니티 측면에서는 다른 지역의 추종을 불허한다. 서울대가 국회에 제출한 〈2011학년도 서울대 합격자 출신 고교자료〉에 따르면 서울 지역 일반고(외고, 과고, 예고 등 특목고 제외) 출신 합격생은 모두 686명으로, 이 가운데 강남 3구 출신이 292명이었다. 이는 서울 지역 전체 합격자의 42.5%에 해당하는 수치다.

그러나 강남이 아무에게나 친절한 땅은 아니다. 갈수록 커지는 '강남코스트(cost)'는 어지간한 중산층도 '강남거지' 신세로 몰아간다.

서울 관악구에 살다가 최근 강남구 대치동으로 이사한 회사원 42세 고모 씨는 요즘 허리가 휠 지경이다. 속칭 '대전동(대치동 전세)' 아빠다. 그런데 이사 후 한 달 생활비만 40~50% 늘어났다. 예전에 살던 115㎡ 아파트 크기를 줄여 85㎡로 옮겼는데도 전세금은 2.5배를 넘었다. 전세금 대출을 받은 덕택에 한 달 이자로만 54만 원을 내고 있다. 중학생 아들과 초등학생 아들이 받는 사교육 과목 숫자는 똑같은데 교육비도 90만 원 안팎에서 200만 원으로 2배 이상 뛰었다.

고 씨는 "직장이 광화문 쪽인데 아내와 합의 아래 이 달부터 차도 갖고 다니지 않기로 했다"며 "요즘은 회식자리도 부담스러워 '영어학원 다닌다'는 핑계를 대고 곧장 집으로 온다"고 하소연했다. 이같이 막대한 희생과 기회비용을 지불하고 생활하는 강남 주거의 만족도는 어떨까?

매일경제가 국토연구원과 강남권역인 강남3구·강동구와 강북지역인 서대문구, 마포, 은평, 종로, 용산, 중구 권역 간 주거만족도를 비교해봤다. 해당 표본은 2010년도 주거실태조사에 사용됐던 강남권 지역 샘플 1,695가구와 강북권 지역 샘플 1,575가구였다. 그 결과 전반적인 만족도는 강남3구·강동구가 2.91점으로 강북지역(2.83)보다 높게 나타났다.

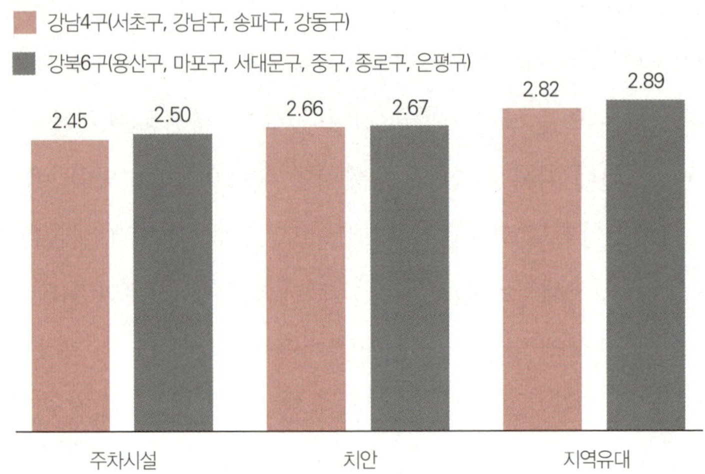

그러나 11개 항목으로 세부 평가한 결과는 조금 달랐다. 편의, 의료, 교육환경 등은 강남이 압도적으로 높았지만, 치안문제, 주차시설, 지역유대 등의 항목은 강남의 만족도가 오히려 강북에 비해 뒤처졌다.

실제 국회 행정안전위원회 소속 진영 의원(한나라당)이 경찰청으로부터 제출받은 〈서울시 최근 5년간 살인, 강도, 강간, 절도, 폭력 등 5대.범죄 현황〉 자료에 따르면 강남권(강남구, 서초구, 송파구, 강동구), 강북권(강북구, 성북구, 도봉구, 노원구), 서북권(마포구, 서대문구, 은평구, 강서구), 서남권(영등포, 구로구, 금천구, 양천구) 등 4개 권역 중 최근 5년간 범죄발생건수가 가장 많은 곳이 강남권이다.

5년간 강남권 전체 5대 강력범죄는 10만 8,045건으로 서울시 전체(34만 1,257건)에서 일어나는 범죄 3건 중 1건 이상을 차지했다. 표창원 교수는 "강남지역의 범죄 빈발은 강남이 부유층의 집결지로 부각되면서 범죄의 타깃이 되기 때문"이라고 분석했다.

압구정에서 10년 이상을 주거했다는 회사원 조모 씨는 "최근엔 내가 사는 아파트 한 층에서만 다섯 집이 털리는 사건도 있었다"며 "세콤 등 별도로 보안회사 서비스를 받는 정말 부유층이 아니라면 타 지역민보다 더 큰 범죄타깃이 되고 있는 게 사실"이라고 말했다.

주차문제 역시 강남지역에서 30~40년 이상 오래된 재건축 아파트 주민이면 누구나 겪고 있는 고통이다. 전용 130㎡ 가격이 16~17억 원에 달하는 압구정 현대아파트. 저녁 6시만 되면 이미 단지 안은 가로 세로 주차로 발 디딜 틈이 없어지고 8시 이후엔 인근 도로까지 빈틈이 없을 정도로 주차장으로 변한다. 강남구 다수 재건축 아파트가 그렇듯 지은 지 오래돼 지하주차장이 없기 때문이다.

이곳 주민 서모 씨는 "아침·저녁으로 주차문제로 이웃과 실랑이를 벌이고 아파트 경비원의 가장 큰 일이 차주인에게 '차 빼라' 전화하는 것"이라며 "10여 년 넘게 재건축 얘기를 하지만 각각 이해관계가 다르고 분담금도 엄청나다 보니 삶의 질만 더 나빠지고 있다"고 말했다. 실제로 강남권(강남구, 서초구, 송파구, 강동구)은 서울 4개 권역 중 최근 5년간 범죄발생건수가 가장 많은 곳이다. 화재 위험도 높다.

강남구의 경우 2009년 기준으로 서울지역에서 가장 많은 367건의 화재사고가 발생했다. 강남구청 관계자는 "강남이 도로변으로는 깔끔하고 화려해 보이지만 조금만 들어가면 고시원, 술집 등 다중업소들이 많고 화재 시 소방차 진입에도 어려움을 겪는 애로사항이 있다"고 말했다.

'이웃 간의 정'으로 대표되는 지역유대에 대한 만족감이 낮은 것은 새 아파트 밀집지로서의 특성과 함께 부유층 특유의 '프라이버시' 중심 생활에 따른 것으로 분석되고 있다.

대치동 인근 J공인 관계자는 "타워펠리스만 해도 입구부터 타 주민들의 출입이 철저히 차단되고 단지 내부에서도 학부모나 회사모임 등이 아니면 특별히 모임을 운영하는 경우가 거의 없다"며 "같은 단지 주민이라도 세입자냐 자가냐 전문직이냐 회사원이냐 등에 따라 생활격차가 큰 데다 사생활을 워낙 중시해 쉽게 이웃끼리 어울리기 힘들다"고 말했다.

이웃 간 네트워크가 그리워 잘못 발을 디뎠다간 큰 '낭패'로 연결되는 경우도 많다. 강남 귀족계인 '다복회'가 대표적 사례다. 계주는 "다복회에 들어오면 대한민국 상류층을 접할 수 있다"며 네트워크를 미끼로 회원들을 모집했지만 결국 돈 수백억 원을 가로채 달아났다. 이 같은 기회비용을 지불하면서 사는 강남사람들을 가장 분노케 하는 대목은 역시 '집값'이다.

지금 강남주민 중 상당수는 지난 2002~2006년 사이 집값이 가파르게 올라갈 무렵 '꼭지'를 문 사람들이기 때문이다. 앞서 언급한 중견기업 임원인 55세 오모 씨도 이런 케이스에 해당한다.

실제 지난 2010년 6·2 지방선거에서 수도권 곳곳에서 야당 출신 후보자들이 여당후보를 누르고 당선되고 여당의 심장부인 강남3구에서도 이전보다 격차를 크게 줄이는 등 이변이 일어난 배경에는 집값 추락과 사교육비 증가에 따른 불만이 크게 작용했다는 분석도 많다.

그럼에도 불구하고 강남을 선호하는 이유는 거주지와 학군, 인맥의 격차가 사회적 계급 격차로 직결되는 한국 사회의 '룰' 때문이다. 한 번 계급이 정해지면 좀처럼 바꿀 수 없기 때문에 계급 격차에 더욱 매달릴 수밖에 없다.

10여 년 전 대구에서 올라와 양재동에 살고 있는 45세 여성 임모 씨도 자녀교육 때문에 강남에 거주하는 자칭 '강남거지'다. 임 씨는 "새로 임용되는 판사의 10명 중 4명꼴로 강남·특목고 출신이라는 뉴스도 나오더라"며 "대학 진학이나 사회 계층으로 보나 모든 구조가 강남 출신이 유리한 게 사실인데 이렇게 '게임의 룰'을 만들어놓고 유독 '강남사람·강남엄마'들만 비난받는 현실에 화가 치민다"고 말했다. 임 씨는 "이미 만들어진 현실에 적응하는 것일 뿐 누가 이런 현실을 좋아하겠느냐"고 되물었다.

강남 부동산 불패신화의 붕괴는 뒤늦게 강남행 버스에 올라탄 사람들에겐 치명적인 데미지를 줬다.

강남 재건축 아파트 가격은 3년 전 국제금융위기 이전 수준으로 되돌아갔다. 거래도 올스톱 상태다. 예컨대 지난 2001년 1억 5,000만~1억 6,000만 원 선에 거래되었던 대치동 은마아파트 101㎡(전용 77㎡)의 경우 2006년 말에는 11억 6,000만~11억 7,000만 원 이상을 호가하기도 했으나 최근 들어 다시 7억 9,000만 원대로 급락했다. 잠실 주공5단지 112㎡(34평형) 아파트도 최고 13억 원까지 거래됐지만 최근 10억 1,000만 원으로 떨어졌다.

강남불패 신화의 철옹성으로 여겨졌던 압구정의 몰락은 가히 충격적이다. 압구정동 신현대아파트 115.5㎡는 16억 원의 최고가를 뒤로한 채 12억 원대로 주저앉고 말았다. 추락의 백미는 역시 개포 재건축단지를 빠뜨릴 수 없다. 박원순 서울시장의 재건축 속도 조절, 소형주택 공급확대 정책의 후폭풍으로 가격 급락 및 거래 두절이라는 이중고의 직격탄을 맞았다. 박 시장 취임 후 강남 재건축은 시가총액 2조 원이 공중으로 날아가면서 초토화되었다.

고가 대형아파트도 사정은 다르지 않다. 한때 강남 부자촌의 대명사로 불린 도곡동 타워팰리스의 집값은 최고가 대비 8억 원 이상 하락한 상태다. 경매시장에서 고가 대형아파트의 반값 낙찰 사례도 속출하고 있다.

강성진
고려대 교수

이창양
카이스트 교수

김정식
연세대 교수

분노 없애려면 이익단체 렌트시킹부터 막아야

대한민국은 소규모 개방경제다. 국토도 작고 인구도 많지 않다보니 성장을 하려면 우리나라에서 만든 것을 해외에 내다팔아야 하는 수출형 국가다. 그러다 보니 안팎에선 불만이 쌓인다. 국내 시장만 공략하는 내수 기업들은 성장이 더디고 작은 시장을 둘러싼 밥그릇 싸움도 치열하다. 경제 주체들이 자신의 이익을 지키고자 비생산적인 활동인 로비 등에 열을 올리는 지대추구 행위(rent seeking)를 벌이는 까닭도 바로 여기에 있다. 전문가들로부터 해법을 들어본다.

- 강성진 고려대 교수

지대 추구행위를 없애려면 의료·교육·지식 부문에서 진입장벽을 완화하고 규제도 제조업 수준으로까지 내려야 한다. 제조업에 비해서 서비스업은 규제가 지나치게 높다. 특히 의사나 약사, 교수 등 이른바 전문직들이 종사하는 분야에서 진입 장벽은 지나치게 높다. 의사만 병원을 설립할 수 있는 것이 대표적이다. 오히려 투자 재원을 확보하지 못하게 만들거나 국민 편익 측면에서도 바람직하지 못하다.

- 이창양 카이스트 교수

국민들이 분노하는 것은 고임금 분야에서 창업이 미진한 것이 주된 원인이다. 생산적인 경기 부양 방안이 필요한 것도 이 때문이다. 복지에 대한 욕구도 이런 방법으로 접근할 수 있다. 보육과 교육에 대해 집중적인 투자가 일어나고 일자리 기대할 수 있을 것이다. 장기적으로 조정할 분야도 필요하다. 집값과 교육비에 대한 부담이 높다보니 소득이 늘어도 만족하기 어려운 것이다. 이런 부분들은 과감히 줄여야 다른 곳으로 소비를 유도할 수 있을 것이다.

- 김정식 연세대 교수

이제는 새로운 기술 개발에서 성장 동력을 찾아야 할 때인 것 같다. 불확실성이 지나치게 커지다 보니 기업들은 단기적인 현안에만 급급하고 있다. 장기적으로 봤을 때 이런 소극성이 한국 경제의 발목을 붙잡을 수 있다. 정부가 좀 더 과감하게 나서 세제 혜택 부여 등을 통해 중소기업 인력난을 해소하고 내수 부양을 추구할 필요가 있다.

Chapter 04

무너진 산업생태계, 공정에 대해 길을 묻다

사례 1. 강원도 원주시에 위치한 씨유메디칼시스템은 전기식 진단용 기기 (심전계)를 생산하는 중소기업이다. 전자공학과 출신인 나학록 대표는 과거 중소기업에서 의료기기 개발을 담당했던 경험을 바탕으로 2001년 씨유메디칼시스템을 창업해 1년 만에 응급 심폐소생 장비의 국내 첫 국산화에 성공했다. 70여 개국에 제품을 수출하고 있으며 국내 시장 점유율은 41%다. 이와 관련된 특허만 4개를 갖고 있다. 매출액은 174억 원, 영업이익은 54억 원에 달했다. 직원은 115명이다. 이 회사는 최고 수준의 급여와 복지를 약속한다. 대졸 초봉은 3,000만 원이며, 사계절 휴가제와 기숙사를 운영하고, 골프 등 동호회 활동을 지원한다.

사례 2. 이명재 씨는 공업고등학교를 졸업한 후에 재직하던 외국계 회사가
한국에서 철수하자 1992년 충북 청원군에서 명정보기술을 창업했다. 당시
에는 생소하던 데이터 복구 시장에 뛰어들어 세계적인 기술력을 확보하고
차세대 저장장치를 개발해 상용화에도 성공했다. 2010년 매출액은 269억
원. 직원은 245명에 이르고 이 중 고졸 사원이 68명이다. 특성화고등학교
졸업생의 경우 현장실습을 거쳐 2011년에만 11명을 정규직으로 전환했다.
이 회사는 기술혁신형 중소기업인 동시에 대한민국 신성장동력 우수 기업으
로 손꼽힌다. 이명재 대표는 "회사 성장만큼이나 학력·남녀 차별이 없는 일
자리 만들기 등 사회적 책임을 다하고 있다"고 말했다.

이런 기업들 사례에 비해 대다수 중소기업 위상은 초라하다. 중
소기업중앙회가 발표한 〈중소기업 위상 지표〉 보고서에 따르면 전
국의 중소기업은 306만 개로 대기업(2,900개)보다 월등히 많아서
전체 사업체의 99.9%를 차지한다.

또한 중소기업 종사자는 1999년 828만 3,000명에서 2009년
1,175만 1,000명으로 10년 새 약 347만 명 증가했다. 같은 기간 대
기업 종사자는 214만 2,000명에서 164만 7,000명으로 49만 명가량
줄어든 것과 대조적이다. 한국의 중소기업들은 지금도 일자리 창출
과 관련해 혁혁한 기여를 하고 있다.

그러나 지난 30~40년간 고속 경제성장 과정에서 대기업과 중소
기업 근무 환경 차이는 갈수록 벌어지고 있다. 중소기업 일자리를

기피하는 젊은이들만 탓할 일이 아닌 것이다.

고용노동부에 따르면 2010년 8월 기준 5명 이상 300명 미만 종사자를 거느린 중소기업의 평균 월급은 251만 1,000원이다. 이는 300명 이상 대기업 종사자가 440만 8,000원의 월급여를 받은 것의 57%에 불과하다. 양측 모두 한 달 근로시간은 174~176시간으로 비슷하다.

사정이 이렇다 보니 중소기업에는 늘 일손이 부족하다. 중소기업 종사자의 이직률도 대기업보다 두 배가량 높다. 고용노동부가 2010년 6월 전국 9,725개 기업을 방문 조사한 결과 인력이 부족하다고 응답한 사업장은 전체의 42.6%인 4,114개사에 달했다. 또 중소기업의 이직률은 대기업의 두 배 수준이다.

충북 오창에 위치한 명정보기술 클린룸에서 연구진이 LCD기판 품질을 점검하고 있다.

자료=명정보기술

중소기업이 성장하려면 제도적 뒷받침이 필수적이다. 우선 납품 단가 부당 인하와 대기업의 중소기업 기술 탈취를 엄단하는 것은 기본이다. '+α(플러스 알파)'를 궁리하라는 충고다.

이만우 고려대 경영학과 교수는 "사회생활을 시작하는 청년들을 고용한 기업에 2년 정도 통상 급여의 절반에 대해 고용세액공제를 해주는 등 획기적인 일자리 창출 방안을 마련하면 외주나 편법 고용을 막을 수 있다"고 진단했다.

이 교수는 이어 "젊은이들이 중소기업으로 가지 않는 가장 큰 이유는 열악한 작업 환경"이라며 "지방 중소기업 임직원을 위한 기숙사나 편의시설을 만드는 것을 기업에만 맡기지 말고 복지 차원에서 정부가 보조하는 것도 필요하다"고 덧붙였다.

제도적 뒷받침이 절실한 것은 창업도 마찬가지다. 전문가들은 창업 실패에 대한 사회적 안전망을 우선 과제로 꼽는다.

예를 들어 스웨덴에선 벤처기업이 자금 부족을 겪고 있을 때 직접적인 자금 지원보다는 주식 매입을 통한 간접 지원을 활성화한다. 이런 부분은 본받을 필요가 있다. 중소기업 인수·합병(M&A) 시장을 신설하자는 제안도 있다. 원활한 구조조정은 물론이고, 중소기업끼리 합종연횡을 통해 덩치를 키우고 경쟁력을 기를 수 있도록 해주기 위해서다.

이민화 카이스트 초빙교수는 "양극화를 줄이려면 퇴출될 기업은 퇴출시키고 살아남을 만한 기업은 육성해야 한다"며 "중소기업인들이 신용불량자가 되지 않고 스스로 부실을 정리할 수 있는 길을 열어줘야 한다"고 말했다.

대학교 수업 과목에 창업교육과정을 신설하고, 경험 있는 교수들의 창업을 촉진하는 것도 중요하다.

이기석 경희대 경제학과 교수는 "미국 노스캐롤라이나대 경영대학원은 1년 과정으로 사업 아이템을 발굴하는 프로그램을 운용하고 있다"며 "학교, 기업, 법률전문가, 벤처캐피털 등을 활용해 창업 실패 확률을 낮출 수 있어야 한다"고 제안했다.

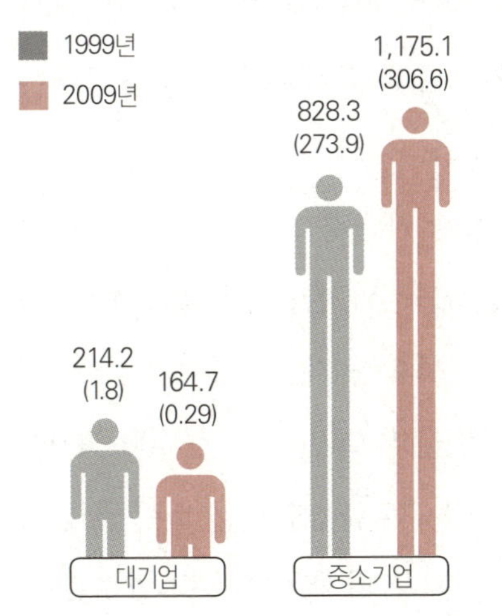

윤리적 기업도 대안이 될 수 있다.

"우리 의류 회사가 추구하는 목표는 누군가의 일방적 희생 없이 모두 행복한 '윤리적 산업 생태계'다."

사회적 기업인 '오르그닷'을 창업한 김방호 이사의 이야기다. 이 회사는 김 이사를 비롯해 20대 후반에서 30대 초반까지의 젊은이 6명이 기존 대기업 직장을 그만두고 2009년 3월 창업한 의류 생산·판매 업체다. 열악한 근무 환경을 한번 바꿔보자는 생각에서 출발했다.

김 이사는 "의류 디자이너의 창의적 아이디어가 제대로 가치를 인정받지 못하는 현실, 원도급 업체의 '단가 후려치기' 횡포에 시달리는 봉제공장 등 의류 산업 하층 피라미드의 열악한 환경을 듣고 나서 창업을 결심했다"고 설명했다. 이에 따라 이익이 생기면 디자이너와 봉제 근로자, 하도급 업체를 비롯해 사회에 환원하겠다는 포부에서 창업 전선에 뛰어든 것이다.

오르그닷은 PET병 등 재활용품이나 친환경 소재만 사용해서 고부가가치 의류제품으로 승부를 걸었다. 첫 해 매출액은 8,920만여 원에 불과했다. 그러나 친환경제품으로 사회적 기업을 추구한다는 게 입소문이 나고, SK 와이번스 야구선수들의 '그린 유니폼' 600~700벌을 주문받아 제작하면서 주목받았다. 이후 환경단체를 비롯해 삼성전자와 현대·기아차 등 대기업에서 사원용 티셔츠 주문이 밀려왔다. 청와대에서도 친환경 티셔츠로 4,000~5,000벌을 주문했다. 덕분에

2010년 매출액은 4억 원 수준, 2011년에는 10억 원으로 추정된다.

　주문량이 늘면서 오르그닷은 공장에 위탁주문생산을 할 때면 인건비로 다른 의류 업체에 비해 두 배로 쳐주고 모두 현금 결제한다. 또한 소규모 개인 디자이너 브랜드에 무료로 재무회계나 사업 운영 컨설팅을 해준다. 2010년 6월에는 난민 여성 돕기 이벤트를 통해 티셔츠 판매 수익을 기부하기도 했다.

　김 이사는 "사회적 기업을 추구하는 업체로서 중요한 것은 얼마나 공정한 거래를 통해 수익을 올리고 이를 배분하는가"라며 "다양한 산업에서 젊은이들이 적극적으로 창업해 수익을 내면서도 산업 생태계를 바꾸어 갔으면 한다"고 말했다.

　창업할 수 있는 환경이 나빠지면서 대한민국에서 성공 신화를 찾아보기 어렵다. 20대의 일자리를 마련하려면 창업 활로를 열어줄 필요가 있다. 우선 1인 창조 기업에 대한 정부 지원을 강화하고, 특히 최근 모바일·IT 변화와 맞물려 젊은이들의 창업을 독려하는 게 중요하다. 또한 이들 벤처기업과 대기업이 파트너십을 맺고 최근 트렌드를 공유하거나 자금 지원을 통해 새로운 아이디어를 발굴하는 노력도 요구된다.

　박상환 하나투어 회장은 "공부만이 전부가 아니며 명문대를 나왔다고 해서 우선 채용되는 문화는 잘못됐다"며 "젊은이들이 도전 정신을 갖고 새로운 기업을 창업하면 일자리 만들기 등 사회에 새로운 활력을 불어넣을 수 있다"고 진단했다.

무늬만 중소기업의 횡포도 지적받고 있다. 중견기업의 '얌체' 행태를 체계적으로 감시하는 시스템도 필요하다는 것이다. 코스닥 상장사면서 중간 부품 업체인 A사는 몇 년 전 하도급 업체에 기술 개발을 요청하면서 납품을 약속했다가 막판에 뒤집기도 했다. 이 때문에 하도급 업체는 수억 원을 들인 기술 개발 실적을 날리게 됐다.

한 중소 하도급 업체 관계자는 "대기업이 동반 성장 차원에서 1차 벤더에 현금 결제를 해준다고 하지만 밑에까지 그런 온기가 이어지지 않는다"며 "중견기업이 중간에서 못된 시누이처럼 기술이나 인력을 빼가거나 단가를 깎는 등 횡포를 일삼는 사례가 많다"고 말했다.

일률적인 잣대로 대·중소기업 업종을 구분하는 것도 '얌체 중견기업'에 이익을 몰아주는 결과를 낳을 수 있다. 예를 들어 LED 조명과 두부를 중소기업 적합 업종으로 선정한 것을 두고 논란이 뜨겁다.

'무늬만 중소기업'을 없애려면 당근과 채찍을 함께 쓰는 것이 필요하다. 2012년부터 시행 예정인 중소기업기본법은 중소기업을 상시 근로자 수 1,000명 이상, 자본금 500억 원 이상, 자산 5,000억 원 이상, 3년 평균 매출액 1,500억 원 이상으로 엄격히 규정하고 있다. 이 중 단 하나만 해당돼도 당장 중소기업 혜택을 받을 수 없다. 현행법에는 허위 자료를 제출해도 500만 원 이하 과태료를 부과할 수 있도록 규정하고 있을 뿐이다. 과태료 금액부터 현실에 맞게 끌어올릴 필요가 있다.

조이현 중소기업연구원 연구위원은 "현행 중소기업 졸업제도를 완화해 당장 중소기업을 졸업해도 불이익이 없는 방안과 그럼에도 중소기업에 머물려는 중견기업을 대상으로 감시·감독을 강화하는 묘안이 필요하다"고 말했다.

대기업과 중소기업간 상생을 위해서는 물고기를 주는 것이 아니라 낚는 법을 가르쳐 줘야 한다. 협력사의 직원 교육과 공동 기술 개발 등 생태계 구성원의 경쟁력을 높일 방법을 전수해야 한다는 것이다. 삼성전자와 현대·기아차는 상생 협력을 위해 다양한 방안을 내놓고 있다.

삼성은 협력사 임직원의 역량 강화를 위해 직무교육, 기술교육, 경영관리교육, 혁신기법교육 등 45개 과정을 만들었다. 임원급으로 구성된 경영자문단을 운영하고 협력사 지원펀드도 조성했다. 현장 개선과 동시에 자금지원을 하고 있는 것이다.

반도체 제조용 설비 제작업체 원익 IPS는 2001년 반도체 웨이퍼 가공 공정 장비인 화학증착공정(CVD) 제조에 뛰어들어 국내 최초로 국산화에 성공했다. 2006년 한때 인력과 기술력 부족으로 위기를 맞았던 이 업체는 삼성과 상생협력프로그램을 통해 위기에서 벗어났다.

삼성전자에 근무하는 고급 엔지니어들은 설비 가동률을 비롯해 단위 시간당 생산율과 품질 등을 분석했다. 불량의 원인과 처방책을 만들어준 것이다.

현대·기아차 협력사 R&D 기술지원단은 새로운 부품 개발 등 협력사 기술 선진화에 힘쓰고 있다. 총 260여 명인 기술지원단은 새시, 의장, 차체, 전자, 파워트레인 등 모두 10년 이상의 경력을 갖춘 최고의 전문 R&D 인력이다. 기술지원단은 국내 800여 건, 미국 500여 건, 중국 1,000여 건 등 국내외 400여 개 협력사에서 총 4,000건 이상의 R&D 기술을 지원했다.

신차개발 업무도 공동으로 수행한다. 게스트엔지니어 제도를 통해 협력사 R&D인력을 개발에 참여시킴으로써 생산 차질을 최소화하겠다는 복안이다.

Part 4

전 세계를 뒤덮은 99% 분노 에너지

Chapter 01

분노엔
동양도 서양도 없다

세계를 가로지르는 분노의 파도에서 한국은 '안전지대'로 남을
수 있을까?

런던과 파리는 불탔고 아랍 세계의 독재자들은 비참한 최후를 맞
았다. 아테네에서 바르셀로나까지 유럽 도시의 광장들은 실업과 양
극화를 비난하는 젊은이들에게 점령됐다. 숨죽이던 중국의 농민공
들은 죽음을 불사하고 항거에 나섰다. 우리나라에서도 취업난에 시
달리는 대학생들이 '반값 등록금' 이슈를 들고 나왔다.

불균형에서 균형을 찾아나가는 리밸런싱 과정에서 분노는 폭동
으로 바뀌었다. 계층이나 세대 간 소득 분배를 조정하는 과정에서
젊은이들의 참을 수 없는 분노가 터져 나온 탓이다.

오늘날 분노는 인터넷과 소셜네트워크서비스(SNS) 등을 타고 전 세계로 번지고 있다. 실업과 양극화 등은 우리나라만의 문제가 아니다. 미국 금융의 심장부 뉴욕 월스트리트에서 24일 체포된 젊은이들 손에는 '부자 과세', '기업 복지 대신 건강보험을 달라'는 피켓이 들려 있었다.

예컨대 한국을 휩쓸고 간 '반값 등록금' 이슈도 우리나라가 원조가 아니다. 2010년 등록금 인상에 반대하는 5만 명의 영국 학생은 집권 보수 당사까지 점거했다. "10명이 들어가 5명이 실업자가 되는데 무슨 수로 학자금을 갚겠느냐"고 밝힌 한 영국 학생의 말 역시 우리나라에서 되풀이됐다.

그나마 앞의 두 시위는 저항 이유가 뚜렷하다. 최근 영국에서 벌어진 폭동은 정치적 목적이나 공격 대상이 없다. 반정부 시위대가 내거는 '정권 퇴진' 구호도 찾아보기 힘들다. 빈곤한 청소년뿐만 아니라 백만장자의 딸도, 청소년 홍보대사도 모두 폭동에 참여했다. 젊은이들은 이유 없이 상점을 때려 부수고 경찰서를 공격했다. 훔친 상품을 페이스북에 올려 자랑하기도 하고 학교에 불을 지르기도 했다. 이런 젊은이들의 분노가 대체 어디를 향하는 것인지 기성세대는 답을 찾지 못해 당혹스러워했다. 분배에 대한 요구를 넘어 젊은이들이 약탈을 시작하고 있는 것이다.

시위에는 다양한 이유가 있지만 우리는 전 세계 시위의 공통적인 원인을 이스라엘 시위에서 조금이나마 찾을 수 있다. 광장에 쏟아져 나온 45만 명의 시민은 '우리는 눈에 보이는 미래를 위해 싸우고 있다'는 슬로건을 내걸었다. '미래', 즉 희망을 잃어버린 젊은이들이 거리로 나서고 있다.

독재에 대한 항의가 아니라면 최근 선진국에서 빈번히 일어나는 시위, 폭동의 공통분모는 '높은 청년실업률'과 'SNS'다. 세계화와 정보기술(IT) 혁명은 기술을 가진 이들에게 엄청난 부를 선사했다. 문제는 능력 있는 소수가 IT 도구를 갖고 더 많은 일자리를 먹어 치운다는 점이다. 한 사람이 열 사람 일을 할 수 있게 된 것이다.

우리나라를 비롯해 대학을 나온 세계의 젊은이들은 성공을 위해 예전보다 더 많은 학위를 받고 기술을 배워야 한다. 남들만큼 노력해서는 좋은 일자리를 얻을 수 없다. 심지어 외국에 있는 이름 없는 기술자들이 내 경쟁 상대가 된다. 기업들은 글로벌 인적 자원 활용이라는 명목 아래 능력 있는 젊은이들을 외국에서 뽑는다. 이를 통해 많은 일자리가 얼굴 모르는 누구에게로 돌아간다. 이들이 받는 엄청난 임금 역시 일자리를 구하는 젊은이들의 어깨를 짓누르며 분노를 확대시킨다.

정부는 더 이상 복지 지원을 관대하게 할 수 없다. 과거와 같은 폭발적인 경제 성장은 없다. 오히려 경제 위기를 어떻게 하면 막을 수 있을까가 중요한 화두가 되고 있다. 경제가 성장한다 하더라도 성장의 과실에 따른 몫을 누가 가져갈까에 대한 다툼이 극심하다.

세계 제2차대전 후 50년간 지도자가 되는 것은 사람들에게 무엇을 주는 것을 의미했다. 그러나 지금 이들은 사람들에게서 뭔가를 뺐는 데 몰두하고 있다. '윗돌을 빼서 아랫돌을 괴는 식'으로 복지의 방향이 바뀌고 있는 것이다. 그러나 가진 자들의 대부분은 그동안 지켜온 '부'를 사회 변화가 왔다고 내줄 수 없다는 입장이다.

이런 현실에 대한 분노는 가난해도 일자리가 있었던 대다수 기성세대를 향하고 있다. 경제 발전과 복지의 풍요를 모두 누려온 기성세대를 향한 '상대적 박탈감'을 온 힘을 다해 표출하는 것이다. 특히 2008년 전 세계를 불황으로 몰고 간 금융위기 이후에 이런 경향이 더욱 두드러지고 있다. 이들은 자신과 아무 관계없는 금융위기의 대가를 자신들이 받고 있다는 사실에 분노한다.

2011년 전 세계의 화두는 '정치'였다. 정치가 문제라며 국민들의 거센 저항에 부딪히는 게 어제 오늘 이야기는 아니다. 그러나 2011년처럼 글로벌하게 정치가 문제가 된 적은 없었다.

유럽에서는 재정위기 여파로 복지 예산 감축, 공무원 임금 삭감, 세금 인상에 반대하는 시위가 모든 나라를 막론하고 일어났다. 미국 뉴욕에서는 '월가 점령 시위'가 계속 이어졌다. 1%를 향한 99%의 분노를 내세운 월가 시위는 전 세계적인 공감대를 불러일으켰다. 선진국 청년계층이 주도한 이들 시위는 좌절감과 분노가 핵심적인 이슈다. 월가 시위대가 내건 플래카드와 구호는 전대미문의 공적 자금이 투입된 금융 산업에 대한 미국인들의 좌절감을 여실히 드러냈다. 세금은 엄청나게 쏟아 부었지만 미국 경제는 여전히 침체돼 있고 실업률은 9%대에 달하고 있으며, 특히 청년실업률은 더 높아 젊은 세대의 좌절이 커지고 있다.

선진국의 정치권에 대한 분노는 '금융위기 정책 대응 실패'와 '실업률 증가'가 견인했다. 위기를 극복하려고 막대한 재정을 풀었는데 이것이 가뜩이나 심각했던 미국과 유럽 등 선진국의 정부 부채를 급격히 늘렸다. 결국 문제가 되자 각국은 재정 지출을 크게 줄여야 하는 처지에 놓였다. 긴축 방안 가운데 복지 및 연금 혜택 축소 등 대중의 희생을 요구하는 부분이 극심한 반발을 산 것이다.

금융위기 이후 급등한 실업률도 사회불안의 주요인이다. 선진국의 실업률은 2007년 5.5%에서 2011년 7.9%까지 상승했으며, 유로존은 같은 기간 7.6%에서 9.9%로 높아졌다. 스페인의 실업률은 2012년 20%를 넘나들고, 미국도 9%대를 기록하고 있다.

악화된 소득 분배 구조는 폭발의 장기적 배경으로 작용했다. 기업의 부는 크게 늘었지만 일반 대중의 삶은 나아진 게 없었다. 중산층도 몰락했다.

소득 불평등 정도를 나타내는 지니계수는 OECD회원국을 기준으로 1970년대 중반 0.30 미만이던 것이 2008년에는 0.32까지 확대됐다. 미국의 경우 상위 0.01% 계층이 전체 소득에서 차지하는 비중은 1980년대 초반 1%대에 불과했지만, 1990년대 이후 신자유주의가 풍미하면서 세계 금융위기 직전인 2007년에는 5%를 넘어서

기도 했다. 생산성이 높아지면서 평균 소득 수준이 꾸준히 상승했음에도 그 혜택을 모든 계층이 골고루 누리지 못해, 성장에서 소외된 이들의 불만이 누적됐다.

신흥국의 민심도 마찬가지다. 2010년 말 노점상을 하던 한 청년의 분신으로 촉발된 튀니지의 재스민 혁명은 들불처럼 중동과 북아프리카 지역으로 번져나갔다. 수십 년 철권통치를 휘둘렀던 튀니지와 이집트, 리비아 독재자가 비참하게 물러났으며, 예멘과 시리아 등 주변국도 성난 시민의 저항물결을 피하지 못하고 있다. 특히 중국에서 일어난 농민공 시위는 중국식 사회주의의 취약성을 여실히 보여줬다.

중국 사회과학원이 2011년 12월 발표한 〈중국 청년 농민공을 위한 종합 정책 건의 보고〉에 따르면 청년 농민공의 평균 임금이 현지 직장인의 30% 수준에 불과했다. 20%의 청년 농민공이 법적 보호를 받을 수 있는 노동계약을 체결하지 못한 상태다. 여성 농민공의 노동 환경은 더욱 열악해 3명 가운데 1명은 하루 10시간 이상의 일을 하면서도 의료 혜택 등을 보장받지 못하는 것으로 조사됐다.

2011년 12월 산둥성 안저현에서 농민공 펑모 씨가 삶을 비관해 초등학교 운동장에 난입해 폭약을 터뜨려 목숨을 끊었다. 체육수업 중이던 학생과 교사 6명도 부상했다. 또 선전의 건설 현장에서 일했던 농민공 3명이 밀린 임금을 달라며 나체 시위를 벌였다.

선진국에서 나타나는 시민 분노의 장·단기적 배경이 신흥국에서도 비슷하게 관찰된다. 다만 높은 실업률과 소득 불평등이 독재에서 기인했다는 점이 다르다. 오랜 기간 수탈과 압제를 겪은 탓에 중동과 북아프리카 경제의 기초 체력은 매우 취약해졌다. 경제적 부를 누리는 것이 독재자와 그 일가에게만 허용됐기 때문이다. 게다가 세계 금융위기로 이전부터 높았던 실업률이 더 치솟고, 2010년 말 이후 물가까지 폭등하면서 독재와 경제적 곤궁에 신물이 난 서민의 분노가 극에 달했다.

분노라는 단어에는 두 가지 의미가 함께 포함돼 있다. 감정적 분노와 이성적 분노다. 분노와 비슷한 말인 노여움, 성냄, 화, 격분, 격노, 진로, 노기, 울화, 울분, 의분 등에서 미묘한 어감 차이가 생기는 것도 이 때문이다. 감정적 분노는 참고 다스려야 할 대상이지만 이성적 분노는 다르다. 때로는 진지하게 경청할 필요가 있다.

'월가점령(occupy the wall)' 시위 배경에는 감정적 분노 못지않게 이성적 분노가 자리 잡고 있다. 이들이 내건 캐치프레이즈에 "나는 99%다"는 표현이 있는데 상위 1%에 대한 지나친 쏠림을 냉철하게 지적하고 있다. 고학력 미취업 청년들이 주동인 데다 "배가 고프니 나에게도 빵을 나눠 달라"는 저차원도 아니다.

제도적 모순을 시정하겠다는 '자본주의 새 판 짜기' 모습도 담고 있어 폭력행위로 매도하기 어려운 측면이 있다. 경쟁을 배제하거나 회피하기는커녕 보다 활기찬 경쟁을 위한 '공정한 게임 룰'을 요구하고 있다는 점, 극빈계층이 아닌 교육받은 지식인 계층이 주동하고 있다는 점에서 그렇다.

중동과 유럽을 거쳐 현대 자본주의 본산 격인 미국을 뒤흔들기 시작한 시위 열풍을 목도하면서 '한국은 과연 괜찮은가'로 자연스럽게 시선이 쏠린다.

한국에도 존 스타인벡의 분노의 포도송이가 맺히기 시작했다. '아무리 정직하게 노력해도 성공하지 못한다'는 좌절감이 한국에서도 분노의 주된 배경인 것으로 나타나고 있다. 소위 자기 기득권을 지키기 위한 지대추구(rent seeking) 행위, 즉 '꼼수'가 분노를 더욱 자극하고 있다. 월가 점령 시위대가 정조준하고 있는 문제점과 크게 다르지 않다.

"아주 간단한 문제입니다. 부자를 지지하지만 수십억 달러를 가진 자가 수조 달러를 가지려고 하면 안 된다는 겁니다."

분노의 시위로 뒤덮인 뉴욕 월가에는 가난한 자와 부자, 흑인과 백인 같은 전통적인 불평등의 고리는 없었다. 남녀노소와 국적도 묻지 않는다. 이념적인 성향도 아무런 문제가 되지 않는다. 이들을 가로지르는 공통분모는 오로지 1% 상위 계층이 만드는 미국 사회에 대한 '분노'다.

주류판매상 점원, 서커스 공연가, 브루클린에 사는 유모, 구글 직원, 딤섬레스토랑 종업원 등 각자의 사연을 가진 젊은이들은 지금과 같은 약탈적 자본주의는 계속될 수 없다는 경고를 보내고 있다. 미국 1%의 자본가를 향해 분노를 보내던 이 젊은이들은 기업의 탐욕과 기후변화, 반전에 이르기까지 다양한 문제에 대해 목소리를 내고 있다.

1% 계층을 향한 분노는 '인륜지대사'인 결혼을 앞둔 새신랑도 시위에 참여하게 만들었다. 샌디에고에서 뉴욕 맨해튼까지 비행기를 타고 온 35세 카운슬러 니컬러스 콜니어리스 씨는 턱시도 예복을 입은 채로 "부자를 지지한다. 하지만 이들이 모든 것을 다 가지려고 하면 안 된다"고 강조했다. 일본에서 결혼식에 참석하기 위해 온 친구도 콜니어리스 씨와 함께 밤을 새우며 시위에 동참했다.

'미래'를 잃은 사람들은 지금껏 '돈과 지위가 없어 참아온' 사회 현실에 대한 분노를 쏟아냈다.

어맨더 클라크 씨는 "나는 정치권에 낼 수백만 달러가 없다는 사실이 유감스럽다"면서 "돈이 없다는 현실 때문에 내 목소리는 무시당한다"고 말했다. 그는 "어려움 끝에 대학을 졸업했지만 내 앞에는 수만 달러의 빚만 있고 일자리는 없다"고 덧붙였다.

이들은 미국을 위기에 빠뜨리고서도 수백만 달러의 퇴직금을 챙겨 떠나는 월가 최고경영자들에게 분노한다. 이름을 밝히지 않은 한 시민은 아들의 손을 잡고 나와 "나는 2006년만 해도 12명의 종업원을 고용한 사장이었다"면서 "2009년 가게 문을 닫고 이듬해 집을 잃었다. 그 후 무려 6개월이나 가족과 트럭에서 살았다"면서 금융가들을 향한 분노를 감추지 않았다. 그는 "나는 지금 단칸방에서 살고 있다"면서 "건강보험이 없어 가족이 아플까봐 매일 걱정한다"고 말했다.

위기를 초래한 금융인들은 불과 몇 년 지나지 않아 '보너스 잔치'를 벌이고 있다. '평화와 번영'을 약속하던 정치인들은 국가 재정이 바닥난 지금 사람들에게 뭔가를 '뺏는' 일에 몰두하고 있다. 〈포린 폴리시〉는 젊은이들을 "자기 몫으로 아무것도 가질 수 없는 '잃어버린 세대'"라고 불렀다. 성장과 번영의 과실이 젊은이들에게 주어지지 않는다는 것이다.

제프리 프랭클
하버드대 케네디스쿨 교수

금융시스템 불만이 분노 열풍 불러

제프리 프랭클 미국 하버드대 케네디스쿨 교수는 전 세계적으로 분노 열풍이 분 배경에 대해 금융시스템을 향한 불만을 꼽았다. 무익하다는 논란을 불러일으킨 신용파생상품을 쏟아내 금융 질서를 어지럽힌 데다 수수료 장사로 납득할 수 없는 연봉을 받고 있기 때문이다. 프랭클 교수를 만나 원인과 해법을 들었다.

Q: 월가 시위가 급속히 확산되고 있는데, 그 원인은?

A: 많은 사람들이 2008~2009년 글로벌 금융위기를 거치면서 금융시스템에 대해 불만을 가지게 됐다. 금융업종 종사자들의 많은 연봉과 금융회사들의 수수료는 사회에 불이익을 끼쳤다. 이때 다양한 논쟁이 등장했

다. 이처럼 큰 금융시장과 신용디폴트스왑(CDS)을 비롯한 신용파생상품이 경제 효율성을 위해 필요한지에 대한 논란이 대표적이다. 월가 금융인들에게 높은 임금이 필요한지, 최고경영자(CEO)들의 현명한 판단을 위해 CEO들에게 고액 보상을 해줘야 하는 건지에 대한 논란도 펼쳐졌다. 지난 4년 동안 일어난 사건을 보면 기본적으로 잘못됐다는 것을 인정한다. 많은 납세자들도 구제금융을 위해 희생한 데 대해 분노했다.

Q : 그렇다면 월가 시위대 주장이 옳은 것인가?

A : 은행시스템과 금융시스템이 지난 금융위기 원인 제공자다. 미국과 많은 나라들이 1930년대 이후 최악의 경기침체를 겪었다. 이 과정에서 많은 사람들이 피해를 봤다. 이런 점에서 월가 시위대의 분노를 이해할 만하다. 그러나 미디어가 월가 시위대를 너무 키워준 느낌이다. 최근 보스턴에서 열린 시위를 본 적이 있다. 시위대 숫자는 아주 적었다.

Q : 월가 시위가 티파티처럼 발전할 수 있을까?

A : 개인적으로 월가 시위대의 '실망'이 정치운동으로 발전하기를 원한다. 이를 통해 뭔가 변화를 주고 유용한 목적을 달성하기를 바란다. 하지만 그렇게 되기 쉽지 않다.

Q : 월가 시위대가 신자유주의에도 변화를 줄 것으로 보나?

A : 미지수다. 티파티는 지금 영향력이나 참가자 숫자로 볼 때 월가 시위대

보다 더 큰 영향력을 행사하고 있다. 이런 티파티는 신자유주의라는 단어를 모르지만 티파티가 추구하는 것이 바로 신자유주의다. 작은 정부와 자유시장이다. 월가 시위대가 신자유주의에 영향을 줄지는 잘 모르겠다. 그러나 유럽 일부 나라에는 변화를 줄 수 있다고 본다. 유럽은 아직도 좌파와 우파라는 이념을 모두 보존하고 있기 때문이다. 실제로 유럽은 토빈세를 도입하려고 하고 있다. 미국에서는 큰 영향을 줄 수 있을 것이라고 보지 않는다.

Q: 대공황 때 경제학자였던 존 케인스도 당시엔 공산주의자라는 비난을 들어가면서까지 아주 극단적인 주장을 했지만 결국 경제위기 해법을 제시한 것으로 평가받고 있다. 월가 시위대도 비슷한 상황이 아닌지?

A: 〈월스트리트저널〉은 1970년대 이후 케인스주의에 대해 매우 적대적이었다. 케인스주의는 바로 정부 개입을 의미했다고 봤기 때문이다. 그러나 케인스가 추구한 것은 그게 아니었다. 1930년대 대공황기로 돌아가 보면 당시엔 공산주의와 전체주의가 팽배했다. 이들은 사회적 문제를 해결하기 위해 아주 극단적인 처방을 내린다. 정부의 강력한 역할을 강조했다. 그러나 케인스는 이에 맞서 자본주의 시스템을 구하기 위해 노력했다. 케인스는 호황기와 불황기를 구분해 항상 정부 재정지출을 강조하지는 않았다. 침체기 때만 정부지출 증가와 일시적 재정적자를 제시한 것이다. 실제 클린턴 행정부는 1990년대 호황기엔 흑자를 유지했다. 이 덕분에 2001년 침체기에 대응할 수 있었다. 최근엔 중국과 칠레

가 그렇게 방어했다. 월가 시위대는 경기침체 때문에 화가 났고 거리로 뛰쳐나오고 있다. 그러나 좀 더 바람직한 정책을 채택할 최선의 시간은 경기침체 전이었다. 지금 미국 정부가 할 수 있는 대책이 많지 않은 게 문제다.

Q: 향후 미국 경기 진단은?

A: 미국 경제는 더블딥까지 가지는 않을 것이다. 단지 장기 저성장 국면에 있다. 높은 실업률을 1990년대 수준으로 낮추려면 상당한 시간이 걸릴 것이다.

Chapter 02

시위대 달래기에 몸이 단 정부

"상위 1%가 다스리는 세계는 잘못됐다", "빈부격차는 인간의 긍지를 파괴한다"고 실업과 빈부격차에 항의하며 미국에서 처음 시작된 '월가를 점령하라' 시위가 전 세계 곳곳에 들불처럼 번지고 있다. 유럽 일부 지역에서는 폭도들까지 등장하며 유혈충돌이 빚어졌다.

세계 각국은 금융 자본 규제와 일자리 창출 등 시민들의 들끓는 분노를 가라앉히기 위한 대책 마련에 나섰다.

하지만 시위대의 요구와 분노의 정도가 지역마다 다른 만큼 해법 역시 제각각이다. 재정 위기와 고실업에 시달리는 유럽 지역은 비교적 강한 대책을 내놓았다. 반면에 최근 경제 호황을 누렸던 호주

와 남미지역은 "시위대 주장에 공감한다"는 다소 미지근한 메시지
만을 보낸 상태다.

금융권의 탐욕을 규탄해 온 미국 월가시위대는 2012년 4월 은행
주총장으로 눈을 돌리며 제2라운드에 돌입했다. 월가 시위대는 "경
제적 불평등에 대한 분노를 표출하는 통로를 기업의 주주총회 현장
으로 옮길 것"이라고 강조했다.

'상위 1%에 대항한 99%'라고 스스로를 지칭한 시위대는 샌프란
시스코에서 열리는 웰스파고 주주총회 현장에서 첫 목소리를 냈다.
이 자리에는 36명의 주주들이 참석했다. 시위대는 웰스파고를 향해
주주총회를 중단하고 일반인 주주들이 참여하는 총회를 열 것을 촉
구했다. 미 시민단체 열대우림행동네트워크의 상임이사인 레베카
타보톤은 "이번 점령은 시위대가 '또 다른 국면'에 접어들었다는 것
을 의미한다"고 말했다.

이 시위의 타깃은 제너럴일렉트릭(GE), 버라이즌, 뱅크오브아메
리카(BOA), 모건스탠리, 샐리메이, 월마트 등이었다. 노동조합원,
환경운동가 등이 함께 들어가는 초대형 시위였다. 조지 고엘 내셔
널 액션 상임이사는 "주주총회는 최고경영자(CEO)와 이사회 멤버
들을 만날 수 있는 흔치 않은 장소 중 하나"라고 밝혔다.

월가시위는 은행들이 직불카드 사용자에게 부과하려던 수수료
계획을 철회하게 만들었다. 사람들이 대형은행에 맡기던 예금을 신

용조합으로 옮기도록 하는 운동도 시작했다.

시위대 달래기에 가장 발 빠르게 나선 곳은 유럽연합(EU)이다. 재정 위기 극복을 위해서는 좀 더 빠른 액션이 필요하다는 생각 때문이다. EU는 이번 시위를 계기로 묵혀놓았던 금융 개혁을 단칼에 해결하겠다는 의지를 보이고 있다. 금융권 개혁에 대한 시민들의 의지가 가장 충만한 시점인 만큼 막강한 자금과 로비력 앞에 무너졌던 과거를 되풀이하지 않겠다는 것이다.

EU는 초단타 매매, 파생금융상품, 금융 사기 등을 더욱 강력히 규제하는 내용을 포함한 새로운 금융 규제 법안을 마련했다. EU 27개 회원국 정부 대표 회의체인 EU 이사회와 유럽의회는 장외거래(OTC)를 포함한 EU 회원국 내의 모든 파생상품 거래 내역의 중앙청산소 신고를 의무화하는 등 파생상품 거래의 투명성을 높이는 내용으로 개정된 규정안에 합의했다.

G20(주요 20개국)은 수조 달러에 이르는 파생상품 거래가 투명하지 않아 선의의 피해자를 양산하고 금융위기를 증폭시킨다고 판단, 2012년 중반까지 G20 회원국들이 투명성을 높일 방안을 마련하기로 합의했다.

EU 재무장관회의는 규제안의 핵심 쟁점이었던 감독권과 관련, 유럽증권시장감독청(ESMA)을 비롯한 EU와 회원국 감독기관들 모두에 청산소들에 대한 감독권을 주기로 합의했다. 영국은 당초 청산소 감독권을 각국의 금융감독기관에만 부여하자고 주장했으나 결국 "회원국 3분의 2가 찬성할 경우엔"이라는 단서를 달아 ESMA도 청산소를 직접 감독할 수 있도록 하는 데 동의했다.

호세 마누엘 바호주 EU집행위원장은 "금융가들의 부패가 현재의 금융위기를 발생시킨 원인"이라며 "EU 전체 차원에서 금융 범죄를 처벌하는 법안을 제안하겠다"고 밝혔다. EU는 유럽연합의 미니 헌법으로 불리는 EU 운영 등에 관한 조약(리스본 조약) 83조에 대한 강제력을 높이는 방법도 구상하고 있다. 리스본 조약 83조는 자금 세탁 등 금융 범죄에 대해 '유럽공동체포영장'을 발부하는 내용을 담고 있다. 금융 범죄자들이 다른 나라로 도피해 편안한 여생을 보내는 것을 막겠다는 취지다.

EU 집행위원회는 금융위기 재발을 방지하기 위해 '그림자 금융'에 대한 감시와 규제 방안을 마련 중이라고 발표했다. '그림자 금융'은 은행이나 증권사와 비슷한 금융활동을 하면서도 별다른 규제를 받지 않는 금융 부문을 뜻한다.

미셸 바르니에 역내시장·서비스산업 담당 집행위원은 "금융부문에서 새로운 위험 요소들이 누적되지 않도록 하려면 사실상 금융활동을 하는 기업들이 규정들을 교묘하게 피해가는 것을 막아야 한다"고 밝혔다.

바르니에 집행위원은 "그림자 금융이 무엇이며 이들이 실제 하는 일이 무엇인지를 더 잘 파악해야 한다"면서 "어느 수준에서 어떤 통제와 감독을 하는 것이 적절한지를 파악하기 위해 금융 전 분야를 빛을 밝혀 들여다봐야 한다"고 강조했다. 그는 이러한 '그림자 금융'에는 상장지수펀드(ETFs), 머니마켓펀드(MMF), 헤지펀드를 비롯해 신용이나 신용보증을 제공하는 금융증권사들이 포함돼 있다고 설명했다.

집행위는 상장지수펀드사의 주식 자체가 증시에서 거래되면서 일어날 수 있는 '이익의 상충' 가능성과 은행 등 금융기업들이 소위 재매입 합의 또는 환매(repos)를 통해 부채를 과도하게 쌓는 문제 등 세부적으로 살펴 규제할 사안들이 많다고 판단하고 있다.

EU는 고실업 문제를 해결하기 위한 일자리 창출에도 나선다. EU는 에너지 망과 수송망 현대화, 초고속 인터넷 서비스 등 인프라 확충에 500억 유로(약 80조 원)를 투입하는 계획을 발표했다. 이를 통해 EU는 수십만 개의 일자리가 만들어질 것으로 기대하고 있다.

러시아 대통령에 세 번째 당선된 푸틴 총리가 취임과 함께 대대적인 세제개편을 단행한다. 집권 3기를 맞아 정치적으로 강한 러시아를 추구했던 기존 정책 방향을 경제개발 및 성장으로 초점을 옮긴다. 특히 사회 형평성 제고와 재정확충에 효과적인 조세정책을 마련할 예정이다. 푸틴 정부는 지난 총선 이후 러시아 국민들이 부패척결과 관료개혁을 외치며 대규모 시위를 벌였던 만큼, 사회 투명성과 공정성을 제고하기 위한 공평과세 정착에 노력을 기울일 방침이다.

우선 오는 2013년부터 호화주택, 고급자동차 등에 사치세(luxury tax)를 부과한다. 주류세 및 담배세 인상도 고려할 계획이다. 70% 수준인 세금신고 전자화 비율을 오는 2015년까지 80%로 확대하고, 중앙정부와 지방자치단체 사이의 세원배분 효율성도 제고한다.

마피아 등 러시아 지하경제를 축소하고 세금포탈을 근절하는 대책들도 마련한다. 사업활동 없이 외형만 유지한 채 편법적인 기업인수와 주가조작 등으로 시세차익을 노리는 해외 셸컴퍼니(shell company) 설립에도 제재를 가한다.

원유, 가스 등 원자재 산업이 중심을 이루고 있는 러시아 산업구조를 다각화하기 위해 비원자재 관련 기업에 각종 세제혜택도 제공한다. 하이테크 산업이나 제조업 등을 운영하는 기업들은 증세 대상에서 제외하고, 일자리 창출에 기여하는 업체들에게 세액공제 등도 적용할 방침이다. 2012년 내로 예정된 러시아의 WTO 가입으로 상당한 피해가 예상되는 농민들을 지원하기 위해 소득세 면제기한을 연장하고 농업보조금도 지급할 예정이다.

푸틴 정부는 세제개편 이외에도 투자확대 및 혁신산업 육성, 정부부문 민영화, 낙후 지역 경제개발 등을 주요 경제정책으로 삼고, 시장경제체제 정착에 중점을 둘 전망이다.

중국은 호적이 없는 농민공에게도 취업, 교육을 포함한 공공서비스를 도시주민과 동등하게 제공한다. 중국 국무원은 '호적관리제도 개혁 추진에 관한 통지'를 발표해 각 지방 정부에 호적차별을 금지

토록 했다.

국무원은 특히 취업, 의무교육, 직업훈련 등에서 호적을 차별하지 못하게 했고 이 원칙에 어긋나는 현재의 정책과 법규들을 폐지하거나 개정하라고 각 지방정부에 지시했다.

국무원은 또 도시와 농촌 간 통일 호적제도를 만드는 방안을 계속 추진하고 농민공처럼 호적 없이 임시 거주하는 사람에게는 거주증을 주는 제도를 단계적으로 시행한다. 중국 당국은 "중소 도시에선 3년간 안정된 직장을 갖고 안정된 주거가 있으며 1년 이상 사회보험료를 낸 사람은 해당 지역에서 영주 거주증을 신청할 수 있다"고 밝혔다. 현(縣)급 정부는 물론 그 아래 단계인 진(鎭)에서 안정된 직장과 거주지를 갖고 있는 사람들은 본인뿐 아니라 배우자, 미혼 자녀, 부모 등도 영주 거주허가 신청이 가능하다.

중국 호적 체제에선 도시 지역의 취업, 교육, 보건 등의 공공서비스는 그 지역에 호적을 가진 주민에게만 제공되며 호적이 없는 농민공 등은 이런 서비스 대상에서 제외돼 많은 사회적 문제를 낳고 있다.

도시와 농촌을 구분하는 호적제도는 지난 1950년대 농촌인구의 급속한 도시이주를 막고 사회안정을 유지하기 위해 만들어졌으나 중국의 경제발전에 따라 수많은 농민공이 도시로 이주하면서 시대에 뒤떨어진 제도가 됐다. 2011년 현재 중국에서 호적지를 떠나 다른 지역에서 일하는 농민공이 1억 5,863만 명에 이른다.

농민공 등에 대한 호적 차별이 없어지면 농민공이 도시인으로 정식 편입되는 길이 열리면서 중국의 도시화가 가속될 것으로 예상된다. 국무원은 농촌의 생활수준과 근로환경 등을 개선하기 위해 공공재원 배분에서 도시와 농촌 간 균형을 맞추기로 했으며 농촌 주민의 재산권 보호도 강화키로 했다.

미국은 급여세 감면 연장 등으로 근로소득자들 달래기에 나섰다. 미국 의회가 급여세 감면을 2012년 말까지 연장하는 법안을 지난 2012년 2월 승인했다. 2012년 11월 대선을 앞두고 이례적으로 초당파적 행보를 보인 미 의회의 이번 결정은 버락 오바마 대통령의 정치적 승리로 평가된다.

이번 급여세 감면안 통과로 1억 6,000만 명의 미국인들에게 적용되는 현행 4.2%인 급여세율이 2012년 말까지 유지된다. 급여세 감면안이 의회를 통과하지 못했다면 급여세율이 6.2%로 올라갈 예정이었다. 6개월 이상 장기실업자들의 주당 평균 실업급여가 300달러로 유지된다.

오바마 정부는 급여세 감면 연장으로 평균 근로자 가구가 2012년 1,000달러의 추가 현금을 더 갖게 되며, 이 돈이 경기 부양에 쓰일 것이라 주장해 왔다. 전문가들은 세금감면으로 2012년 미국 경제에 1,000억 달러가 유입될 것이라고 추산한다.

마크 잔디 무디스 이코노미스트는 급여세 및 실업보험료 감면이 연장된다면 2012년 미국 경제성장률은 2.6%까지 개선될 수 있다고 예상했다. 잔디 이코노미스트는 "경제적인 자활이 가능할 만한 수준에 도달했지만 이는 정책입안가들이 전적인 지원을 신속하게 할 때만 가능하다"며 "이 프로그램들이 연장되지 않는다면 경제에 중대한 타격을 입힐 것"이라고 경고했다.

맥스 보커스 상원 재무위원회 위원장은 "이는 많은 미국인에게 매우 중요한 합의"라면서 "1억 6,000만 명의 미국인은 이제 급여세 감면을 계속 적용받게 되고 억울하게 일자리를 잃은 많은 이들은 실업수당을 계속 받게 된다"고 말했다.

법안에는 실업수당 청구건수 상한기일을 99주에서 73주로 줄이는 등 공화당 측의 주장도 일부 반영됐다.

레이페어 예일대 경제학과 교수는 법안 통과로 오바마의 재선 가도에 청신호가 켜졌다고 주장했다. 그는 급여세 감면 연장으로 오바마가 대선에서 50%를 약간 넘는 득표율을 얻을 수 있을 것이라 분석했다.

오바마 행정부는 경제활성화 조치의 하나로 급여세율을 2011년 말까지 한시적으로 기존 6.2%에서 4.2%로 낮췄으며, 2011년 이를 1년 추가 연장하는 방안을 추진했다. 그러나 1년 추가 연장을 놓고 민주당과 공화당이 이견을 보임에 따라, 양당은 일단 일몰 기한을 2012년 2월 말까지 연장했고 추가 논의를 벌였다.

2011년 말까지 공화당 측은 정부 지출 감축 없이는 급여세 인하 연장을 절대 승인하지 않을 것이란 강경한 입장을 보였다. 티파티

등 공화당 보수진영 의원들은 감면안 연장안을 여전히 반대하고 있
으나 2012년 말 대선을 앞두고 급여세 감면이 이번 달로 끝나는 데
따른 정치적 타격을 피하기 원했던 공화당 지도부들이 입장을 선회
하며 초당적 합의로 이어졌다.

인프라스트럭처 투자로 실업자 구제를

"'월가 점령' 시위를 잠재우려면 전 세계에 확산된 불평등을 개선하라. 인프라스트럭처에 투자해 실업자를 구제하고, 월가 거래세와 부자세를 부과해야 한다."

미국 내 진보적 사회학자인 토드 기틀린 미 컬럼비아대 저널리즘스쿨 교수는 '월가 점령' 시위를 잠재우려면 이 같은 대책이 필요하다고 제시했다.

기틀린 교수는 1960년대 미국 신좌파를 이끌며 베트남전 참전 반대운동 등을 벌인 운동가 출신이다. 하버드대를 졸업한 뒤 미시간대에서 정치학 석사, UC버클리에서 사회학 박사 학위를 받았다. 그는 "많은 나라들이 경제 문제를 겪고 있는 가운데 대규모 실업자와 청년실업자들이 중동의 민주화 운동에 자극받았다"며 "이들이 월가 시위대의 급속한 확산에 크게 기여했다"고 진단했다. 그는 월가 시위가 미국 근현대사에서 가장 빨리 확산된 시위라고 밝혔다. 그는 이번 시위가 많은 사람들의 관심을 끌 게 된 것 자체가 일단 성공적이라고 평가했다.

그러나 앞으로 이 시위가 어떻게 전개될지는 미지수다. 기틀린 교수는 "미국 역사상 광범위한 지지를 받은 사회운동은 드물다"며 "그러나 이 운동은 한 방향으로만 흐를 것 같지 않다"고 말했다. 그는 "이 운동은 공격적인 시민 불복종 운동이나 행동주의 정치 세력화로 나타날 수 있고, 정부와 강력한 대치 국면도 불러올 수 있다"고 내다봤다.

기틀린 교수는 각국 정부는 '월가 점령' 시위의 원인인 실업이나 청년실업을 해결하는 게 급선무라고 제안했다. 이를 위해 세계 각국 정부는 국제적 불평등을 해소하는 것을 정책 최우선 과제로 삼을 것을 주문했다. 실업 문제를 해결하기 위해 인프라에 대한 투자를 늘릴 것을 제시했다. 또한 대규모 정부 부채를 줄여야 하고, '월가 거래세와 부자세'를 부과해야 한다고 강조했다.

그는 시위대의 조직화에 대한 조언도 잊지 않았다. 이를 위해 선거로 뽑힌 진보세력과의 제휴를 제안했다. 가령 노동조합과 연대를 통해 오랫동안 이 운동을 전개할 수 있는 지속 가능한 구조를 만들고 이들의 요구사항을 얻어 내야 한다는 것이다. 그러면 이 시위대

가 민주당을 좀 더 압박할 수 있다고 내다봤다. 그러나 그는 "티파
티가 공화당에 중요한 영향을 미친 것만큼 성장할지는 미지수"라
고 지적했다.

토드 기틀린 교수는 "월가 시위는 목표 의식이 매우 뚜렷하며 2012
년에도 다양한 형태로 세계로 확장될 것"이라며 "특히 오프라인과
소셜네트워크서비스(SNS)가 결합해 파급력이 커서 쉽게 기세가
수그러들지 않을 것"이라고 말했다.

기틀린 교수는 월가 점령 시위가 1960년대 반전운동과 같은 형태
로 전개될 것이라고 말했다. 기틀린 교수는 당시 서서히 전개되던
반전운동이 1968년 대선과 총선을 계기로 폭발적인 위력을 보여왔
듯 2012년 대선 앞두고 여름에 열리는 공화당과 민주당의 전당대
회 때 대규모 시위가 열릴 것으로 예상했다. 그는 "전까지 다양한
점령운동이 규모가 크거나 핵심적이지는 못할 것"이라고 말했다.

Chapter 03

분노에 진화하는 자본주의

그레고리 맨큐 하버드대 경제학과 교수에게 2011년 11월 2일 한 통의 이메일이 배달됐다. 맨큐는 수십 년간 경제학 교과서의 대명사로 일컬어지던 새뮤얼슨의 명저 《경제학》의 아성을 깨고 세계 경제학 교과서의 왕좌 자리를 차지한 《맨큐의 경제학》의 저자다. 조순 서울대 교수가 써서 1970~1980년대를 풍미했던 《경제학원론》의 글로벌 버전이라고 생각하면 된다.

이메일은 그의 강의를 듣는 제자로부터 온 것이었다. 내용은 충격적이었다. 이 하버드대 학생은 "당신 수업의 깊은 편향성에 불만을 표하고자 수업에 출석하지 않겠다"며 "당신의 강의는 미국의 경제적 불평등을 상징하며 이것을 확대시키고 있다"고 직격탄을 날렸다. 이어 "하버드대가 학생들에게 경제학을 제대로 가르치는 데 실패한다면 그것은 글로벌 경제 시스템을 망치는 길이 될 것"이라며 "지난 5년 동안의 혼란이 이를 잘 보여주고 있다"고 주장했다. 결국 맨큐 교수가 강의를 맡은 하버드대 경제학 입문 수업 (economics 10)의 수강생 70명이 수업에 불참한 것으로 알려졌다. 위기에 처한 자본주의의 한 단면을 보여준 사건이었다.

솔직히 《맨큐의 경제학》은 경제학원론의 바이블로서 여전히 잘 팔려나가고 있다. 하지만 하버드대 학생들의 주장처럼 그 영향력은 예전만 못하다. 세상이, 자본주의를 둘러싼 환경이 달라진 것이다.

이번 위기는 자본의 탐욕을 통제할 수 없는 자본주의 자체의 결함과 경기 침체에 따른 경제적 불평등의 심화에서 비롯됐다. 청년층의 높은 실업률과 위기의 해법을 제시하지 못한 정치력의 부재는 불 붙은 시위에 기름 역할을 했다.

자본의 탐욕은 끝이 없었다. 월가는 국민의 혈세로 3년 전 위기를 넘겼지만, 최고경영자(CEO)에게 보통 월급쟁이의 수백 년 치 급여를 연봉으로 지급해 무전(無錢)인 서민의 분노를 유발했다. 구제금융을 받았던 골드만삭스와 JP모건체이스는 2009년 직원 1명당 59만 달러와 46만 달러의 보너스를 뿌렸다. 휴렛팩커드(HP)의 전 CEO 레오 아포테커는 실적 악화로 물러나면서도 1,320만 달러를 가져갔다.

99%의 삶은 정반대였다. 미국 인구통계국 조사에 따르면 2010

년 기준으로 소득이 최저생계비에 못 미치는 가구의 비율은 15.1%
였다. 1993년 이후 최고치였다. 미국인 2명 중 1명은 빈곤층이거나
저소득층이라는 조사까지 나왔다. 미국의 청년 실업률은 10%대를
웃돌아 8~9%대인 전체 평균보다 훨씬 높다. 유럽연합(EU)의 청년
실업률은 평균 20%에 달한다.

미국 정치권은 국가 부채 한도 조정 과정에서 대립으로 국가 신
용등급 강등을 초래했다. 유럽의 정치권은 미봉책으로 재정 위기에
대응해 비난을 받았다. 금융시장은 혼란에 빠졌고 정치권의 무능을
질타했다.

존 리 UC 버클리대 교수는 "반월가 시위가 3년 전 금융위기에서
초래됐지만 경제침체와 높은 실업률, 불평등의 영향이 크다"며 "전
통적인 민주주의도 제대로 작동하지 않았다"고 진단했다.

세계 최대 경제포럼인 다보스포럼의 창립자인 클라우스 슈밥 회
장은 다보스포럼 개막 직전 기자들과 만나 이렇게 고백했다. 1971
년 다보스포럼을 만들어 신자유주의란 '종교'를 전파하는 데 앞장
서왔던 슈밥은 "나는 자유시장제도의 신봉자이지만 시장은 사회를
위해 기능해야 한다. 자본주의 체제는 너무 과잉이 많고 포용성은
부족하다. 현 상황은 자본주의란 말로는 설명이 안 된다"며 사실상
신자유주의의 실패를 인정했다.

1970년대 이후 영국의 마거릿 대처 총리와 미국의 로널드 레이
건 대통령이 주도해왔던 신자유주의는 2008년 미국의 서브 프라임

모기지로 촉발된 금융위기로 사실상 기능을 상실했다. 부익부 빈익 빈의 사회 양극화, 청년들의 대량 실업, 금융시스템의 붕괴 등으로 대표되는 신자유주의의 이상징후들은 세계 각국 정부의 정책실패 와 맞물리면서 갈수록 자본주의를 병들게 하고 있다.

무엇보다 신자유주의 신봉자들이 주장했던 낙수효과(trickle-down)도 없었다. 낙수효과란 윗물이 차서 넘치면 아래로 흘러내린 다는 것이다. 부자들이나 대기업이 돈을 잘 벌면 돈을 잘 쓰게 되고, 그 돈이 빈곤층이나 중소기업에도 흘러들어가 소득양극화가 해소 되고 경기가 부양된다는 것이 신자유주의자들의 낙수효과론이지 만 현실은 오히려 그 반대 현상이 확대됐다.

실제로 미국의 한 통계에 따르면 지난 30년간 미국의 하위 1% 소 득은 18% 증가한 반면 상위 1%의 소득은 무려 275%나 증가한 것 으로 나타났다. 2010년 미국의 상위 10%와 하위 10%의 소득격차 는 무려 14배나 차이가 난 것으로 조사됐다. 이는 미국뿐 아니라 성 장만을 위해 무한경쟁을 벌이며 앞만 보고 달려온 자본주의 국가들 에서 공통적으로 발생하고 있는 현상이다.

우리나라에서는 상위 10%와 하위 10%의 소득격차가 10배에 이 르는 것으로 조사됐다. 특히 국내 10대 그룹의 현금보유액은 지난 2007년 35조 8,000억 원에서 2008년 41조 8,000억 원으로 16.8% 증가했으며 2009년에는 이보다 24.4% 늘어난 52조 원가량으로 집 계됐다. 우리나라 가계부채는 지난 1999년부터 연평균 13%씩 증가하며 2010년에는 892조 4,571억 원을 넘어섰다.

　기업들이 돈을 벌면 고용이 늘어날 것이란 기대도 물거품이 됐다. 2010년 전 세계 청년층의 실업률은 12.7%다. 유로존 17개국의 실업률은 10.4%를 기록하며 유로화 출범 이후 최고치를 기록하고 있다.

　2011년 자본주의는 또다시 위기를 맞았다. 자본주의는 2008년의 위기를 구제 금융이라는 시장 외부의 힘으로 간신히 넘겼지만, 부의 불평등, 높은 실업률, 문제점을 수습할 정치력의 부재로 다시 한계를 노출했다.

　자본주의 심장이라는 미국 뉴욕의 월스트리트를 직접적으로 공격하는 '월가를 점령하라(occupy wall street)' 시위가 발생, 전 세계로 확산했다. 자본주의 진영 내에서 자본주의는 사망했다는 극언까지 나왔다. 이에 따라 자본주의의 대안 모색 작업과 함께 위기에서 진화해온 자본주의의 변화와 혁신에 대한 세계적 담론이 진행됐다. 2011년 9월 중순 뉴욕 맨해튼의 주코티 공원에서 시작된 반월가 시위는 자본주의 위기를 극명하게 보여준 사건이었다.

　십여 명으로 출발한 시위대는 "우리는 99%다"라는 구호로 상위 1%에 집중된 부의 불평등을 지적, 호응을 얻었다. 시위대 규모는 수백 명, 수천 명으로 늘어났고 시위는 보스턴, 워싱턴 D.C., 로스앤젤레스 등 미국 전역으로 번졌다. 미국에 이어 유럽, 아시아 등 전 세계로 들불처럼 번져 갔다. 반월가 시위가 한 달여를 맞은 2011년 10월 15일 미국과 아시아, 유럽, 중남미, 오세아니아, 아프리카 등

80여 개국의 1,500여 개 도시에서는 자본주의 모순과 병폐를 지적하는 시위가 동시 다발적으로 개최됐다.

자본주의 내부에서도 자본주의 종언을 인정하는 발언이 나왔다. 미국 헤지펀드의 대부인 조지 소로스 퀀텀펀드 회장은 "미국 자본주의는 2008년 이후 사망했다. 정부의 재정 투입 등으로 사망 사실을 숨기고 있을 뿐"이라고 말했다.

점점 더 심해지는 양극화, 월가 점령 시위대, 전 세계적인 청년실업난, 트위터·페이스북 등 소셜미디어를 통한 초연결사회, 유럽 재정위기, 미국 신용등급 하락….

자본주의가 철 지난 퇴물(退物) 취급을 받고 있다. 인류가 직면한 거대한 변화에 도무지 해답을 주지 못하고 있기 때문이다.

2008년 9월 글로벌 금융위기를 계기로 다시 불거지기 시작한 자본주의에 대한 '의심'은 이제 '확신'으로 바뀌었다. 모든 이들이 '이대로는 곤란하다'고 입을 모은다. 이유는 간단하다. '이러다 진짜 시스템이 붕괴할 수도 있다'는 공포를 실감하고 있기 때문이다. 절체절명의 위기다.

학문적으로도 기존 자본주의 경제학은 위기를 맞고 있다. '합리적 이기주의자'의 가정도, '효율적 시장(efficient market)'의 가설도 현실에는 들어맞지 않았다. 오늘날 세계인이 목도하고 있는 현실이다. 글로벌 금융위기로 하이에크의 신자유주의가 기세를 잃자 한때 케인지언의 부활이 거론되기도 했다. 하지만 유럽 발 재정위기는 케인즈의 고개마저 떨구도록 만들었다. 행동주의 경제학이 대안으로 떠오르고 있지만 아직 만족스러운 수준에는 이르지 못하고 있다. 기존 경제학으로는 양극화와 고용 없는 성장을 해결할 수 없다는 좌절감이 팽배하다.

영국의 〈파이낸셜타임스(*FT*)〉는 새해 벽두부터 '위기의 자본주의(capitalism in crisis)'란 제목의 기획 시리즈를 시작했다. 지면을 통해 경제학자와 금융 전문가들의 난상토론이 이어졌다. 2011년 다보스포럼에서도 최대 화두는 단연 '자본주의의 미래'였다. 세계적인 석학과 거물 기업인, 금융인들은 자본주의의 좌절 원인을 놓고 격론을 펼쳤다. 굳이 해외의 움직임을 들먹일 필요가 없다. 1960년대 이후 현대 자본주의의 기린아(麒麟兒) 대접을 받았던 한국에서도 자본주의는 위태롭게 흔들리고 있다.

선거를 앞둔 정치권은 돈 나올 곳이 막연한 어마어마한 복지공약을 경쟁적으로 쏟아내고 있다. 국가경쟁력의 핵심인 한국의 대기업들은 '1% 대 99%' 양극화 구도의 주범으로 지목돼 '공공의 적' 취급을 받고 있다. 무상 복지 확대, 대기업 개혁, 부자 증세로 요약되는 정치권의 공약은 재정 악화를 넘어서 시장경제의 기본원리를 깨뜨리거나 무시하는 선에 이르고 있다. 특별법을 통해 부실 저축은행 피해자들에게 예금보험한도를 초과하는 보상을 해주겠다거나, 영세 상공인에 대한 카드 수수료율을 정부가 정하도록 하겠다는 식의 발상이 그러하다. 국민 개개인의 복지수요를 정부가 전부 책임져줄

수 있다는 정부 만능주의가 판을 치고 있다.

그렇다면 자본주의는 '폐기'의 운명을 담담히 받아들여야만 하는 것일까? 물론 서구 중심의 자본주의가 치명상을 입었다는 사실에 대해서는 별다른 이견이 없다. 그러나 '자본주의가 끝장났다'는 진단은 섣부르다. 오히려 대다수 전문가들은 자본주의가 겪고 있는 이 모든 혼돈을 진화(進化) 혹은 초심(初心) 회복의 과정으로 해석한다. 자본주의를 통째로 내팽개칠 것이 아니라, 잘못되고 모자란 부분을 가다듬어 새로운 자본주의를 창출해내야 한다는 것이다.

위기의 원인을 온전히 자본주의라는 시스템에 돌리고 대안 없는 폐기를 주장하는 행태에는 두 가지 함정이 도사리고 있다.

첫째, 위기의 책임 소재가 불분명해진다. 시스템이 제대로 작동하지 않은 이유에만 관심을 쏟아보면, 누가 어떻게 오작동을 초래했는지에 대해서는 둔감해진다. 아무도 책임지는 사람이 없고, 그래서 똑같은 실수가 반복될 가능성이 존재하게 된다.

둘째, 대안이 존재하지 않는다. '자본주의는 허점과 모순투성이'라고 아무리 헐뜯어봤자 부질없는 일이다. 중상주의나 공산주의는 아예 언급할 가치조차 없다. 주도권이 어느 한 쪽에 치우친 국가 자본주의, 기업 자본주의 등도 마찬가지다. 100%의 치유를 보장하지 못한다. 혹자는 사회적 시장경제를 대안으로 제시한다. 하지만 남유럽 국가들의 사례에서 보듯이 그 또한 정도를 지나치면 붕괴를 앞당길 수 있다. 결국 해답은 균형 잡힌 새로운 형태의 자본주의다.

Chapter 04

처방전 따라
갈릴 운명

"격차가 아예 존재하지 않는 사회는 있을 수 없다는 사실을 국민들에게 설득하라."

2011년 열린 제12회 세계지식포럼에 참석한 세계적인 명사들은 '99%의 분노'에 대해 공통적으로 '양극화'와 '금융회사의 책임의식 부족'을 가장 큰 원인으로 지적했다. 갈수록 커져만 가는 격차, 그리고 그 사이에서 벌어지는 금융회사들의 '모럴 해저드'가 분노를 촉발시키고 있다는 것이다.

세계적인 명사들은 당시 전 세계적으로 바람이 불었던 '월가에 대한 분노'를 해소할 수 있으려면 보다 과감한 대책과 각국 지도자들의 적극적인 행동이 필요하다고 입을 모았다. 고든 브라운 전 영

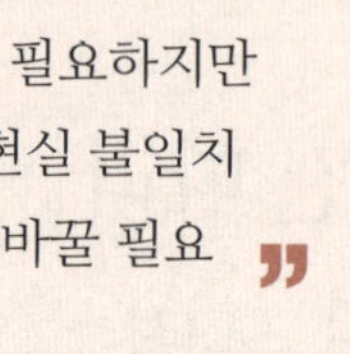

고든 브라운 전 영국 총리

국 총리는 월가에 대한 분노가 전 세계로 퍼져 나가고 있는 것과 관련해 "지금 젊은이들은 기회와 현실의 간극 때문에 실의에 빠져 있다"고 진단했다. 글로벌화와 경제 발전이 젊은이들에게 더 많은 일자리를 줄 것으로 생각했지만, 사실은 그렇지 못했다는 설명이다.

브라운 전 총리는 월가 시위의 해법에 대해 "이상과 현실의 불일치를 해결하기 위해 우리의 경제시스템을 어떤 가치를 중심으로 재편할 것인지 고민해야 한다"고 진단했다. 그는 "우리에게는 여전히 자유시장이 필요하다"며 "좀 더 책임이 수반되는 시스템을 갖추기 위한 토론에 나서야 한다"고 호소했다.

브라운 총리는 젊은이들에게 "이제 바통은 젊은 세대에게 넘겨졌다"면서 "두려움과 타협하지 마라. 정의, 평등, 공정의 가치를 세워라"고 주문했다.

행동재무학의 대가이자 국제 금융 전문가인 안드레이 슐라이퍼

하버드대 경제학과 교수는 금융 시스템의 전면적인 개선을 주문했다. 슐라이퍼 교수는 "은행들이 저지른 큰 실수가 나라를 휘청거리게 했지만 은행들에는 약간의 벌금만 부과됐다"며 "이에 대해 미국인들이 실망한 결과가 이번 시위이며, 따라서 시위는 정당하다는 게 내 생각"이라고 말했다. 그는 이어 "불량 장난감이 있다면 이것은 장난감을 만든 제조업자의 책임이듯 금융도 마찬가지"라며 "이번 기회에 은행의 신용을 다시 세우고 은행에 대한 책임도 분명히 물어야 한다"고 덧붙였다.

슐라이퍼 교수는 "현재의 금융시스템은 지나치게 은행 측에 유리하다"면서 "정부는 은행 자기자본을 확충하도록 요구하고 모기지 시스템 개혁 등 이들의 책임을 높이기 위한 조치를 계속해야 한다"고 말했다.

다케나카 헤이조 게이오대 정책학과 교수(전 일본 총무상)는 월

다케나카 헤이조 게이오대 교수

가 시위를 상대적 불평등보다는 절대적 빈곤에서 비롯된 것으로 봤다. 다케나카 교수는 "최고지도자가 용기를 갖고 '격차는 있을 수밖에 없다. 격차 없는 사회는 없다'고 국민에게 설득하라"고 주문했다. 그는 "격차를 없애려고 하면 모두가 가난해진다"고 강조한 뒤 "그러나 빈곤을 없애는 건 국가의 역할이자 의무"라고 강조했다.

그는 "빈곤의 원인에는 세 가지가 있으며 각각의 처방이 다르다"고 설명했다. 첫째로 병이나 장애가 있어서 일을 못하면 국가가 생활보호를 해야 한다. 두 번째로 일하고 싶은데 일이 없는 경우에는 고용정책이 필요하다. 세 번째로 일자리는 갖고 있는데 임금이 적은 경우에는 최저임금제도를 바꿔야 한다는 것이다.

다케나카 교수는 "빈곤의 원인에 따라 대응책이 다른데도 많은 국가에서 빈곤에 대한 제대로 된 조사를 하지 않는다"고 주장했다. 그는 "국가가 빈곤을 방치하기 때문에 불평등에 대한 불만이 사회에 확산된다"면서 "빈곤은 정부가 책임져야 한다"고 강조했다.

누리엘 루비니 뉴욕대 경제학과 교수는 월가 시위의 원인을 기업의 노동수요 감소에서 찾았다. 루비니 교수는 "21세기 들어 글로벌화와 금융위기를 거치면서 모든 기업이 효율성이란 가치를 더욱 중시하게 됐다"며 "효율성을 추구하는 과정에서 최대한 노동비용을 줄인 것이 문제의 씨앗"이라고 강조했다.

그는 "기업들이 불확실성으로 설비 투자를 꺼리기 때문에 신규 고용이 일어나지 않는다"면서 "이 과정에서 소득 분배의 문제가 생겨 부의 불평등이 더욱 심화됐다"고 분석했다. 이와 함께 이스라엘 시위를 예로 들며 "실질 소득의 감소를 겪으면서 위기감을 느낀 중산층들도 시위에 나서고 있다"고 덧붙였다.

루비니 교수는 "엘리트들이 모든 것을 좌우하고 있다는 데 대한 분노가 각국에서 표출되고 있다"고 설명하기도 했다. 그는 "(사회·경제적) 불평등이 심화되면서 사회 전체의 불안정이 초래되고 경제 성장도 저하되고 있다. 기회 균등과 관련한 모든 정책을 재정비해야 한다"고 경고했다.

월가 시위에서 다소 떨어져 있는 중국의 전문가도 당시 상황에 대한 불안한 마음을 숨기지 않았다. 판강 중국국민경제연구소 소장(전 인민은행 통화정책위원)은 "세계 사회에 있어 매우 불안한 징조"라면서 "여러 선진 국가들은 양극화와 실업에 대한 해결책을 모색해야 한다"고 주장했다.

한편 월가 시위의 영향이 미미할 것으로 보는 전문가들도 있다.

토머스 쿨리 뉴욕대 스턴스쿨 교수는 "미국 보수세력들은 티파티 운동을 통해 금융위기 이후 작은 정부를 주장하는 등 영향을 끼쳤다"면서 "그러나 (특별한 사회·정치적 성향이 없는) 월가 시위대가 내놓은 어젠더가 실제 영향력을 가질 가능성은 극히 미미하다"고 진단했다.

월가 시위가 기승을 부리던 때 마이클 블룸버그 뉴욕 시장의 역할에 대한 재조명도 눈여겨볼 만하다. 월가 시위대가 뉴욕 맨해튼에서 활동하는 가운데서도 큰 불상사가 없었기 때문이다. 월가 점령 시위대와 그들의 시위로 불편을 겪는 시민들 사이에서 블룸버그 시장이 중도를 지킨 점이 준법 시위를 유도했다는 평가다.

블룸버그 시장도 당시 기자회견에서 "시위대가 가진 언론의 자유와 남부 맨해튼 주민들의 요구 사이에서 어느 한 쪽에 치우치지 않으려고 노력하고 있다"고 말했다. 그는 이어 "헌법은 언론과 집회의 자유를 보장하지만 텐트를 보호하지는 않는다"고 덧붙였다.

시위대가 노숙하고 있는 주코티공원 주변 지역의 주민들 항의도 귀담아들었다. 블룸버그는 "나는 시위대의 말할 권리와 맨해튼 주민들의 조용히 살 권리 사이에서 균형을 잡을 것"이라며 "오직 하나의 견해만 허용되는 공간은 필요치 않다"고 강조했다.

시위대가 주변 건물에 난입하는 등 시위가 한층 과격해지자 "상인들이 분노하고 있다. 시위대가 비난하는 월가 금융인이 없다면 미화원이나 공무원에게 월급을 주지 못한다"며 시위대의 자제를 당부하기도 했다.

결국 시위대는 미국 내 8번째 부자로서 '1%'의 대표 주자인 블룸버그를 대놓고 비난하지 않았다. 주코티공원 주변 주민들도 블룸버그 시장에 대해 크게 불평하지 않았다. 블룸버그 시장은 연간 2억 달러를 기부하고 연봉으로 1달러를 받은 덕분에 '존경받는 1%'로 통한다. 시위대도 비폭력을 유지하고 있다.

월가 시위의 반작용으로 미국 보수층의 반발도 만만치 않았다. "경제가 잘못된 것이 부자들 책임은 아니다"라는 것이 이들 보수층

미국 애리조나주 피닉스시에서 '피닉스를 점령하라(occupy phoenix)' 시위에 참가한 한 시민이 '국경·전쟁·은행·부채 반대'라는 구호가 적힌 플래카드를 들고 있다.
제공=로이터연합뉴스

의 목소리다. 미국의 재정위기나 높은 청년실업률이 월가를 중심으로 한 부유층 탓은 아니라는 것이다. 특히 정치권이 월가 시위를 정략적으로 이용하면서 부유층을 경기 침체의 희생양으로 삼는다는 지적도 나오고 있다.

월가 시위에 대해 가장 반발하는 측은 미국 공화당이었다. 당시 대선주자 중 한 명이었던 허먼 케인은 시위대를 '반자본주의자, 반시장주의자'라며 연일 강도 높게 비난하고 있다. 기업인 출신인 그는 〈월스트리트저널〉과의 인터뷰에서 "당신이 일자리가 없고 부자가 아니라면 스스로를 탓해야지 월가와 대형 은행을 비난하지 말라"고 지적했다.

월가 종사자들도 마찬가지로 반감을 표출했다. ABC방송은 시카고상품거래소 건물 유리창에 붙은 '우리가 1%(We are the 1%)'라는 문구가 적힌 플래카드 화면을 내보냈다. 건물 내부에서 붙인 이 플래카드는 '반(反)부자 시위대'에 대한 월가 종사자들의 반감을 그대로 보여주고 있다고 ABC방송은 분석했다.

월가의 탐욕을 비난하는 시위에는 개의치 않고 월가 금융맨들의 '보너스 탐욕'은 이어지고 있다. 2011년 11월 이파이낸셜캐리어의 발표에 따르면 월가 직원의 41%는 연말 보너스가 전년보다 늘어날 것으로 기대했다.

버락 오바마 대통령은 시위대를 지지하는 발언을 했었다. 오바마 대통령은 "월가 시위는 미국 국민의 분노 표출"이라며 "금융위기 속에서 많은 평범한 국민이 막대한 피해를 입었는데도 무절제한 금융 관행에 철퇴를 가하려는 노력에 (공화당은) 반대하며 여전히 무책임하게 행동하고 있다"고 비난했다.

크리스토퍼 피사리데스 런던정경대(LSE) 교수는 2012년 2월 미래기획위원회와 경제인문사회연구회가 공동 주최한 '글로벌 코리아 2012' 행사에 참석해 "과거 20년간 전 세계적으로 불평등은 심해지는 추세였다"며 "여기에 금융위기 이후 경기 침체가 겹치면서 위기의 부담이 저소득층에 넘어왔기 때문에 실업자가 양산됐다. 특히 위기의 시발점이 고소득층인 금융권이었기 때문에 시위로 연결됐다"고 진단했다.

그는 "자본주의는 개선이 필요한 것이 사실"이라면서 "하지만 완전히 새로운 모델은 없다. 현재의 자본주의 기반에서 금융 부문의 규제가 강해지고 불평등 문제를 해결할 수 있는 정부 차원의 리더십이 필요하다고 본다"고 강조했다.

피사리데스 교수는 앞으로의 시장경제는 수익 극대화를 위한 경쟁뿐 아니라 사회적 가치를 증진하는 부문에도 경쟁이 도입될 것으로 내다봤다. 친환경적이고 친사회적인 이미지를 주기 위해 기업들이 경쟁에 나설 것이라는 예측이다. 기업들이 갑자기 새로운 모델로 전환해서가 아니라 소비자들의 수요를 읽고 변화해 나갈 것이라는 게 그의 설명이다.

한국의 문제점 중 하나인 비정규직 문제에 대해서도 피사리데스 교수는 분석을 내놓았다. 그는 "정부가 주도권을 쥐고 사회적 협약을 통해 저출산, 고령화, 연금 리스크 등의 문제를 해결하는 리더십을 발휘할 필요가 있다"며 "학교 보조금, 육아센터 등에 대한 지원을 늘리는 것도 더 많은 여성들이 출산할 수 있도록 독려하는 정책 중 하나다. 정부가 주도적으로 문제를 해결하는 데 큰 역할을 해야하지만 구성원들의 도움 없이는 힘든 것도 사실"이라고 말했다.

Part 5

국민이 바라는
새로운 시대정신

Chapter 01

고졸이 떳떳한 나라

'고학력 사회의 역설.'

대한민국 분노의 중심에는 '모두가 대학생인 나라, 그래서 아무도 취직할 수 없는 사회'라는 문제가 자리 잡고 있었다. '고등학교만 나와서 사람구실 하겠느냐'라는 분위기가 대학정원 자율화 등과 맞물려 대학과 대학생 수의 폭발적 증가를 낳았다.

고학력 사회의 역설은 여기에서 발생한다. 1년에 1,000만 원씩 내고 대학졸업장을 따지만 한정된 대졸 일자리로 인해 취업은 어려워지고, 대학의 서열화는 갈수록 심해진다. 명문대생은 '어릴 때부터 성실하게 공부 잘했던 내가 왜 힘들어야 하나'라는 생각에 부모와 함께 분노하고 똑같은 등록금 내고 대학졸업장을 딴 지방사립대

학생은 '나도 대졸자이고 열심히 스펙을 쌓았는데 왜 차별받아야 하느냐'며 분노한다.

상황이 이렇다 보니 2011년 말부터 신입사원 공채에 '고졸 채용' 비중을 의도적으로 늘리는 것이 유행처럼 번지고 있다. 학력에 관계없이 골고루 채용 기회를 줘야 한다는 정부와 사회 각계의 성화에 기업들이 화답하는 모양새다.

대기업과 금융권이 고졸에 채용 문호를 넓히자 지원 경쟁이 뜨겁다. 500명을 뽑겠다며 2012년 3월 원서를 마감한 한화그룹 고졸 공채에는 1만 4,000명이 몰렸다. 경쟁률이 28 대 1이다. 삼성은 2012년 상반기 600명의 고졸 공채를 추진했고 고졸 채용에는 현대차, LG, SK, 포스코, 롯데 등도 나섰다. 우리은행은 2012년 4월 금융권 최대 규모인 고졸 신입행원 200명을 우리창구(빠른창구) 전담 텔러 행원으로 선발했다. 하지만 이런 고졸 채용 열풍이 한 때의 유행으로 그치고 만다면 기존의 분노에 좌절감이 더해져 우리사회는 청년들의 걷잡을 수 없는 분노로 들끓을 수 있다.

당장 수치로만 살펴봐도 '고학력 사회의 역설'이 만들어내는 모순은 심각하다. 학생 1인당 월평균 사교육비 24만 원. 연간 총 21조 원이 든다. 비싼 등록금에도 불구하고 대학 진학률이 80%를 넘고 청년 고용률은 60%에 간신히 턱걸이한다. '고졸 채용 유행'을 넘어서는 근본적이 대책이 필요한 이유다.

전문가들은 임금 격차 해소, 취업 진입 장벽 해체, 과잉교육 방지

조치가 동시에 이뤄져야 한다고 지적한다. 그리고 결정적 열쇠는 기업과 학교의 소통에 있다고 강조한다.

호주 등 선진국의 사례는 이런 의미에서 한국 사회에 큰 교훈을 준다. 호주에서 중·고등학교 통합과정을 다녔던 34세 K 씨는 "호주는 의무교육은 우리나라로 치면 고등학교 1학년인 10학년(주니어)인데 이때 대학을 가지 않을 사람들은 모두 졸업식을 한다"며 "하지만 이때 졸업한다고 해서 열등하다거나 문제가 있다는 생각은 아무도 하지 않는다. 단지 적성이 다를 뿐이라고 생각한다"고 말했다.

직업전선에 곧바로 뛰어들거나 기술전문학교 등을 거쳐 사회에 먼저 진출한 이들과 시니어(11·12학년)까지 남아 대학을 졸업한 이들이 6년 뒤 사회에서 만나면 사회적 지위나 연봉에 있어 큰 차이가 나지 않는다. 모두가 기를 쓰고 대학을 가야 하는 이유가 없는 셈이다. 자연스레 학력차별에 대한 분노나 '고학력 사회의 역설'이 발생할 일이 없다.

한국에서도 고졸에 대한 차별을 없애는 정책이 대기업들의 한때 유행으로 끝나지 않고 전체적인 사회분위기의 변화로 이어진다면 이 같은 이상적인 모델이 실현 불가능한 것도 아니다.

실제 우리 사회에서도 근본적인 변화의 움직임이 감지되고 있다. 기업과 학교를 필두로 사회 곳곳에서의 자각과 노력이 시작됐기 때문이다.

여기에서는 학력차별 철폐를 통해 경쟁력을 키우고 있는 금성하이텍과 맞춤형 교육으로 취업률 100%에 도전 중인 동구마케팅고등학교에서 성공 비법을 찾아봤다. 또 어린 시절부터 교육기회가 균등하게 제공될 수 있도록 정부와 기업 등에서 적극 지원해야 한다는 전문가들의 조언에 따라 실제 이를 실현하고 있는 SK그룹의 '방과후 학교 지원사업'을 정리했다.

동구마케팅고: 산·학 연계교육 대기업들 러브콜

"회사 생활을 할 때는 빨리 하는 것보다는 꼼꼼하게 일을 마치는 것에 더 신경을 써야 해. 얼마나 꼼꼼하게 했느냐가 곧 너희들이 얼마나 책임감 있게 일을 하는지를 평가하는 잣대가 되거든."

서울 성북동 소재 한 고등학교 실습건물의 66㎡ 규모 연습기업실. 김현정 교사의 잔소리에도 데스크톱 컴퓨터 앞에 앉은 3학년 1반 학생 10명의 눈빛은 하나같이 초롱초롱했다.

점심식사 직후의 여느 교실처럼 살인적인 졸음이 쏟아질 틈은 없었다. 입력 방법을 미처 깨우치지 못하고 고개를 갸우뚱하는 학생들을 김배영 교사가 찾아다니며 1 대 1로 지도했기 때문이다.

"인사(인사관리)하다가 회계하니까 좋지"라는 김현정 교사의 질문에 모두 "네"라며 힘차게 대답한다. 수업 명은 '동구ERP'. 이른바

서울 성북동 동구마케팅고 3학년 학생들이 기업자원관리 실무 수업을 받고 있다.

'기업자원관리실무'로 4년제 대학교 경영학과 고학년 학생들이 수강할 법한 과목 이름이다.

25개 좌석 중 15개는 비어 있었다. 같은 반의 나머지 학생 15명이 이미 취업에 성공해 현장 실습에 나섰기 때문이다. 이는 1942년 개교한 명문 여상 동구여자상업고등학교(동구여상)의 후신인 동구마케팅고등학교(마케팅고) 이야기다. 현란한 주판 솜씨를 자랑하는 졸업생들을 은행이나 증권사 회계 인력으로 배출해온 왕년의 명문 여상은 이제 명문 특성화 고등학교로 다시 태어나고 있었다.

비결은 ERP로 대표되는 산·학연계 교육 시스템이다. 이 학교는 기업 안에서 이뤄지는 모든 업무 과정과 정보들을 상호 공유시킴으로써 자원관리의 최적화를 달성하는 통합시스템인 ERP를 교육하는 데 일주일에 3시간을 할애하고 있다. 대학 진학을 마다할 만큼 좋은 조건의 대기업들 러브콜이 끊이지 않고 있는 이유이기도 하다. 동구마케팅고에 학생 추천을 의뢰한 회사는 2009년 48개사에서 2010년 55개사, 2011년 124개사로 폭발적으로 늘어나고 있다.

2011년 2월 졸업생 238명 중에 122명(51%)이 대학 진학 대신 취업을 택했다. 실제 취업자들의 평균 연봉은 같은 기간 1,987만 원, 2,162만 원, 2,349만 원으로 오름세에 있다.

금성하이텍: 차별 없는 보상 성장 원동력

경기도 김포에 있는 금성하이텍은 직원 절반이 고졸 출신으로 구성된 학력 차별 없는 중소기업이다. 전 임직원 82명 중 고졸 출신은 41명. 승진에 가로막히는 학력 천장도 없다. 임원 6명 중 3명이 고졸 출신이며 기업부설연구소 임직원 13명 중 2명이 최종 학력이 고졸일 정도로 전 영역에서 동등한 대우를 받는다.

최근 금성하이텍 김해 본사에서 만난 박흥석 사장은 "신입직원 공채를 해도 대졸자와 고졸자 모두 동일한 기수를 적용해 주고 있다"며 "급여도 같다"고 말했다. 고등학교를 졸업한 직후 입사하면 초봉이 2,400만 원, 대졸자도 학업 기간만큼 호봉을 쳐주는 것 외에 더 많은 혜택은 없다.

차별 없는 시스템은 이 회사가 발전하는 원동력이다.

이 업체는 압축용기를 제작해 2010년 연매출 197억 원을 달성했다. 이름만 들어도 알 만한 원자력발전소나 반도체 공장에도 이 업체 제품이 들어간다. 협력업체로 등록된 대기업만 100곳이 넘을 정도다. 2011년은 10% 이상 성장을 자신하고 있다. 박 사장은 "동일한 대우를 받다 보니 직원들 만족도가 높다"며 "이직률이 낮기 때문에 기술력이 누적돼 불량률이 낮아지는 선순환이 지속되고 있다"고 말했다.

금성하이텍이 다른 기업들보다 고졸자를 우대하는 까닭은 박 사

학력 차별이 없는 중소기업 금성하이텍 박흥석 사장(오른쪽 둘째)이 직원들과 함께 완성 제품을 보며 웃고 있다.

장 개인 경험이 크게 작용했다. 금성하이텍도 10년 전만 해도 여느 다른 기술 중소기업들처럼 박사급 고학력자를 우대한 적이 있었다. 하지만 이들은 전문 분야에선 독보적인 기술력을 갖고 있지만 생산 전반에는 이해력이 낮았다.

박 사장은 "고졸자들은 자기가 부족하다는 것을 알고 한 수 접고 배우려 했다"며 "하지만 학력이 높을수록 자신의 실수를 용납하지 않고 모르는 것도 물어보지 않아 적응에 실패하는 일이 잦았다"고 말했다. 이 같은 사실을 깨달은 박 사장은 곧 차별을 없애고 내부 직원을 육성하는 쪽으로 방향을 틀었다.

금성하이텍은 협력 업체에도 모범적이다. 무조건 현금 결제가 원칙이며 부득불 어음을 지급할 일이 있다면 자체 발행 없이 받았던 대기업 어음만 지급해 안정성을 높인다.

균등한 교육기회 제공: SK그룹 사회공헌 사례

부산 금정구 서동초등학교.

정규수업을 마쳤지만 170여 명의 어린 학생들이 교실에 남아 국어, 영어, 수학, 미술 등 과목별로 나눠서 공부하고 있다. 수업 분위기는 화기애애했다. 선생님의 몸짓과 말 한마디 놓치지 않으려고 학생들 눈망울은 반짝반짝 빛났다. SK그룹이 2010년 만든 사회적 기업인 '행복한 학교'가 운영하는 '방과후 학교'다.

취약계층 자녀의 교육문제를 해결하려고 마련한 것으로 오후 1시부터 5시까지 진행한다. SK그룹이 지원하다 보니 방과후 학교 수강료를 일반 학원비의 3분의 1 수준으로 낮췄다. 교원자격증이 있지만 극심한 취업난으로 직업을 구하지 못한 젊은이나 주부들이 강사를 맡고 있어 일자리 창출에도 톡톡히 기여한다. 기업이 학교, 사회와의 소통을 통해 일궈낸 '성공 스토리'다.

박원표 부산행복한학교재단 상임이사는 "주 5일 내내 같은 강사

부산 금정구 서동초등학교 학생들이 SK그룹이 지원하는 '방과후학교' 수업에서 그림을 그리며 즐겁게 손을 흔들고 있다.

가 계속 지도하며 아이들을 가르치고 보호한다"며 "두 달마다 수업 만족도 조사를 하는데 학생뿐만 아니라 학부모로부터 큰 호응을 얻고 있다"고 설명했다.

국가의 백년대계를 좌우하는 교육문제. 전문가들은 '발상의 전환'을 주문한다. 기업을 '지렛대'로 활용하라는 것이다. 교육의 최종수요자인 기업들이 현장에 필요한 맞춤형 인재에 대한 아이디어를 교육계와 공유하고 지원하면서 교육개혁을 이끌어갈 때 진정한 변화가 나타날 수 있다는 설명이다.

기업 입장에서도 교육서비스에 참여하는 것은 매우 의미 있는 사회공헌활동이자, 경영활동이다. 학교의 재정구조나 수업방식까지 바꿀 수 있을 뿐더러 지속가능한 기업발전을 위해 우수인재를 키우고 뽑는 수단이 될 수도 있다.

강태진 서울대 재료공학부 교수는 "교육 양극화 해소를 위해 교육의 최종 수요자이기도 한 기업이 재정지원을 통한 교육 공헌에 나서야 한다"며 "기업 입장에서도 스스로 혜택을 볼 수 있는 인재 투자가 바람직할 것"이라고 강조했다.

기업과 사회의 윈윈 전략: 교육차별 분노해법

국가의 지원과 사회적 인식의 변화. 고졸이 떳떳한 나라를 만들기 위해서는 이처럼 구조적인 변화와 장기간의 노력이 필요하다. 하지만 당장 기업의 사회공헌활동 등과 연계한 단기적인 전략은 실현가능하면서도 기업과 사회에 '윈-윈'이 될 수 있는 대안이다. 장기적이고 구조적인 정책과 해법을 추진하기에 앞서 지금 이 순간부터의 변화를 만들어 낼 수 있는 방법이다. 기업이 일종의 지렛대 역할을 하도록 시스템을 만들면 된다는 것이다.

전문가들이 지목하는 성공의 관건은 기업-학교 간 소통을 어떻게 하면 원활하게 할 수 있느냐다. 현대자동차는 마이스터고 학생들을 대상으로 10년 동안 1,000명을 선발해 실무교육을 제공한다는 계획이다. 눈에 띄는 점은 이러한 교육기부 활동을 채용으로까지 연계한다는 점이다. 매년 100명씩 선발한 학생들은 방과 후 교육활동, 방학기간 중 단기집중교육, 현장실습 프로그램 등 단계별 집중교육을 받는다. 또 졸업 이후 1년간의 인턴과정과 병역의무를 마치면 현대차가 정규직으로 채용한다는 계획이다. 각 학교도 선발한 학생들에게 지급할 학업보조금(1인당 500만 원)과 관련해 지급 시기와 방법 등을 현대차와 상의하고 있다.

제도적 뒷받침도 기업-학교 간 소통을 촉진시킬 수 있는 수단이다. 가장 큰 걸림돌은 평준화 정책 등에서 파생된 각종 규제다.

특히 대학입시 위주의 중·고등학교 교육과정을 비롯해 대학의 획일적이고 비실용적인 '붕어빵 교육 커리큘럼'을 바꿔야 한다는 지적이 많다. 산업현장에서 요구하는 지식이 부족해 재교육을 실시해야 하는 경우가 많기 때문이다. 결국 기업이 나설 수밖에 없지만 현실은 그렇지 않다. 규제 때문이다.

삼성그룹은 1994년부터 약 800억 원을 지원해 서울 중동중·고등학교를 명문고등학교로 바꿔놨지만 최근 손을 뗐다. 학생 선발이나 교육과정에 사실상 자율권이 없어 투자 대비 실익이 없다는 판단이 작용한 것으로 전해졌다. 이에 따라 3년 뒤에 중동고등학교는 자율형 사립고에서 일반고로 전환될 처지에 놓였다. '자율고 지정 및 운영에 관한 규칙'에 따르면 법인이 연간 수업료와 입학금 총액의 5% 이상을 학교에 내야 자율고로 지정받을 수 있다. 기업이 의지를 갖

구분	단기	중·장기
사회	고졸자 차별 완화 분위기 조성	학력이 아닌 능력위주 사회로 구조재편
학교	전문화·특성화고 산학연계 활성화	적성에 따른 진로 차별화 교육 시스템 구축
기업	고졸 채용 활성화 및 차별해소	사회공헌활동 등으로 교육서비스 제공 및 인재확보

고 스스로 지렛대가 되고자 해도 제도가 받쳐주질 못하고 있다는 얘기다.

교육분노 해소를 위한 사회-학교-기업의 중장기 전략

당연한 얘기지만 '고졸이 떳떳한 나라'를 만들기 위해서는 사회와 학교, 기업 간의 유기적인 소통과 통합적인 전략제시가 필요하다.

전문가들의 의견을 종합하면, 사회와 학교, 그리고 기업은 단기적으로 당장 실천할 수 있는 단기적인 정책과 구조를 바꿀 수 있는 중·장기 전략을 짠 뒤 이를 동시에 추진해야 한다.

우선 사회적 차원에서는 단기적으로 고졸에 대한 차별적인 인식과 대우를 해소하는 분위기가 조성돼야 하고 중·장기적으로는 능력위주사회로의 재편이 필요하다. 학교 등 공식 교육기관에서는 단기적으로 전문화고·특성화고의 산학연계 활성화를 통해 졸업생들이

질 좋은 일자리에 취업할 수 있도록 하고 중·장기적으로는 전체 교육과정에서 적성에 따라 학생들이 진로를 차별화할 수 있도록 시스템을 구축해야 한다.

　마지막으로 기업은 지금의 고졸 채용 활성화나 학력에 따른 차별 해소책을 지속적으로 유지하되 중·장기적으로는 사회공헌활동을 통해 균등한 교육기회를 제공할 수 있는 다양한 서비스를 제공하고 이 과정에서 기업에 필요한 인재를 확보해야 한다.

앨리스 첸
시에나랩스 설립자

현실에 맞서 자신이 좋아하는 일을 찾으라

"젊은이들은 사회가 정해놓은 성공의 틀을 버리고 자기가 좋아하는 일에 몰두해야 합니다."

MIT '최우수 여성상' 수상, 미국 발명가 명예의 전당 졸업생 최우수상, 세계에서 가장 혁신적인 인물 100인 선정, 이식 가능한 인공 간, 의약 발달을 위한 새로운 휴머노이드 쥐 모델 개발.

2011년 12회 세계지식포럼 연사로 방한한 앨리스 첸 시에나랩스 설립자가 지금까지 이룬 성과다. U.C버클리와 하버드, 그리고 MIT라는 화려한 학력은 그녀가 이룬 것 중 일부에 지나지 않는다. 인간의 삶과 질병에 대한 연구를 통해 그녀는 수많은 환자들의 희망이 됐다.

매일경제 분노의 시대 특별취재팀은 분노를 에너지로 바꿔낸 많은 이들의 성공스토리도 취재했다. 또 전 세계적 분노의 시대를 바라보는 명사들의 진지한 조언도 들었다. 이 중 대표적 인물이 바로 앨리스 첸이다.

작고 아담한 체구를 가진 동양인 여성이 미국사회의 주류로서 자리 잡은 배경에는 치열한 노력과 함께 좋아하는 일에 몰두했던 성장과정이 큰 역할을 했다. 프로필만 놓고 보면 훌륭한 가정에서 풍족한 지원을 받으면서 성장한 것 같지만 실제로는 그 반대에 가깝다.

"저는 대만에서 이민 온 싱글마더(미혼모) 밑에서 컸습니다."

가난했던 그의 어머니는 사실 자녀에게 신경 써줄 형편이 못됐다. 생계를 유지하기 위해서 밤낮으로 일을 손에서 놓을 수가 없었기 때문이다.

"어머니는 모국어인 중국어 배우기조차 저에게 강요하지 않았습니다. 사실 중국어를 가르쳐주실 시간도 없었고요. 다만 가난 속에서도 희망을 잃지 않고 열심히 사는 모습이 저에게 무언의 압력으로 다가왔습니다."

더 좋은 학교에 진학할수록 그녀는 더욱 책임감을 가지고 공부를 했다. 주어진 자리에서 최대한 노력하는 것이 최선임을 어머니의 삶에서 배웠기 때문이다.

앨리스 첸은 "현실에 맞서 자신이 좋아하는 일을 찾으라"고 조언했다. 동양인으로서 미혼모의 자녀로서 사회적으로 불리한 조건과 싸

윘던 그녀는 오히려 "자신은 운이 좋았다"고 말했다.

"저는 불평등한 사회와 인권문제에 대해서 누구보다 관심이 많습니다. 그러나 제가 불리한 사회적 조건을 가졌다는 사실이 좋아하는 일에 더욱 몰두하게 만드는 계기가 됐습니다."

분노의 에너지가 어느 누구보다 많았기 때문에 더욱 열정을 가지고 노력할 수 있었다는 설명이다. 앨리스 첸에 따르면 모든 분노의 원인을 국가나 사회 탓으로 돌리는 경향은 분명 문제가 있다. 분노를 다스려야 하는 1차적인 책임자는 개인이라는 얘기다.

그러나 그는 분노, 특히 젊은이들의 분노는 잘만 활용하면 각 사회가 가진 최고의 에너지원이 된다고 설명했다. 앨리스 첸은 "사회의 불평등과 인권문제에 관심을 가지는 것은 젊은이로서 당연하다"면서도 "다만 현실에 분노하면서 자신이 좋아하는 것에 몰두해야 분노가 건강한 에너지로 바뀐다"고 거듭 강조했다. 또 기성세대와 사회가 "젊은이들의 분노의 에너지를 생산적인 분야로 돌려야 한다"고 말했다.

분노를 극복해 낸 힘, 분노를 에너지로 바꿔낸 열정과 노력. 모두가 앨리스 첸처럼 쉽지 않은 상황을 이겨내고 성공의 길로 들어서기는 어렵다. 그러나 분노를 가슴에 품고만 있다면 개인이나 사회에나 큰 손해다.

앨리스 첸은 젊은이들이 마음속에 분노를 품고 있는 것 자체가 결코 나쁜 일은 아니라고 본다. 그들이 자신의 분노를 에너지로 바꾸려는 노력을 해야 하고 사회는 직접적으로 그들을 돕는 것이 아니라 젊은이들이 분노를 넘어설 수 있는 여건을 만드는 데 집중해야 한다는 것이다. 앨리스 첸이 우리사회, 아니 전 세계 분노한 젊은이들에게 주는 '분노에 대한 회신'의 핵심 내용이다.

청년은 일하고 싶다

이상한 기운이 감지된 건 2010년 6·2 지방선거에서부터였다. 2011년 10·26 재보선에선 말 그대로 '폭발'했다. 새누리당의 승리로 끝난 지난 4·11 총선에서도 여전한 응집력을 보여주며 한국 사회 '분노의 핵'이라는 사실을 여실히 보여줬다.

우리사회에서 가장 긍정적인 에너지를 뿜어내야 할 청년, 2040세대 얘기다.

2040세대는 '비정규직 세대'의 다른 말이기도 하다. 항상적 고용 불안에다 사회적 여건의 미비로 평범한 결혼·출산·육아와 내집마련의 소박한 꿈 그 어떤 것도 이루기가 힘들다. 분노하지 않는 게 이상할 정도다.

당연히 해법도 단순하지가 않다. 현재 한국 경제가 맞이하고 있는 발전단계, 사회경제구조를 완전히 뜯어고치지 않는 이상 완전히 해결되기도 어렵다.

그렇다고 이들의 분노를 해소할 방법이 전혀 없는 건 아니다. 무기계약직 전환과 정규직 진입장벽 완화 등을 적극적으로 모색하고 '제대로 된 스마트 워크'만 활성화돼도 해결의 실마리가 보인다. 몇 가지 약한 고리만 풀어줘도 여성고용문제와 일자리 나누기를 통한 고용의 질 향상, 여기에 출산·육아문제까지 일정부분 해소가 가능하다는 것이 전문가들의 공통된 진단이다.

시간당 4,500원을 받고 커피전문점에서 일하는 A씨. 일주일에 40시간 아르바이트로 일했지만 한 달에 15만 원이나 되는 주휴수당을 받은 적이 없다. 주휴수당은 일주일에 6일을 근무하면 하루를 쉬더라도 업체가 휴무일 몫으로 지급해야 하는 수당을 뜻한다. 세대노조를 표방하는 청년유니온 측은 2011년 5월부터 이 같은 문제점을 지적하면서 자체 조사를 통해 전국 82.1%의 매장이 주휴수당을 제대로 지급하지 않는다고 밝혔다. 이어 주휴수당 미지급을 이유로 카페베네 대표를 노동청에 고발하기에 이르렀다. 뒤늦게 커피전문점들이 움직였다.

카페베네와 커피빈코리아는 전·현직 직원들에게 수천만에서 수억 원의 밀린 수당을 지급한 것으로 전해졌다. 고용노동부도 7개 주

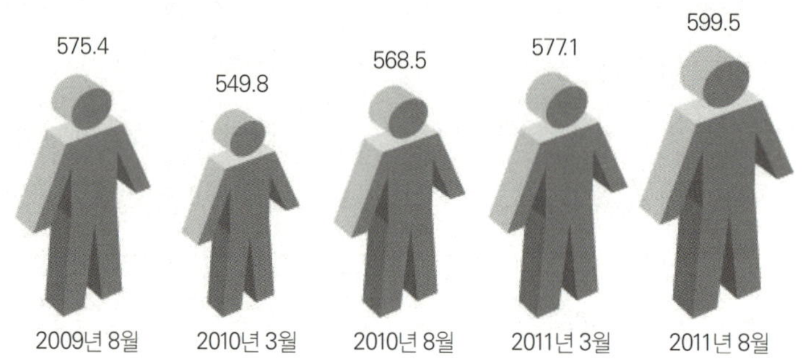

요 커피전문점의 노동관계법 위반 여부를 점검하기도 했다. 우리나라 청년들이 비정규직으로 많이 취업해 있는 커피전문점의 임금 체불 현실은 여전하다.

대한민국 비정규직 근로자가 600만 명에 이르렀다. 통계청이 2011년 8월 기준 한시적·시간제근로자를 비롯해 파견이나 용역, 일일근로 등 모든 비정규직을 포함한 것이다. 전체 임금근로자의 34.2%를 차지하는 거대한 분노 계층이다. 특히 비정규직 문제는 그 자체로 '2040' 문제다. 비정규직의 61%가 2040세대(20대 18.1%, 30대 19.4%, 40대 23.6%)다.

비정규직 근로자는 한 달 일해서 평균 134만 8,000원을 번다. 정규직(238만 8,000원)의 56%다. 복지는 더욱 열악하다. 주거·결혼·교육 부담에 고스란히 노출돼 있는 2040 비정규직에게는 경제적 기반이 매우 취약하다. 더 큰 문제는 이들이 열악한 근무 여건만큼이나 심각한 고용 불안에 시달리고 있다는 점이다. 언제 잘릴지 모른다는 강박관념에 스트레스가 상당하다. 전문가들은 비정규직 문제를 풀어가는 첫 단계로 고용 안정성 확보를 꼽는다.

전문가들은 불가피하게 2년 이상 비정규직을 고용하거나 반복적으로 계약을 갱신하는 경우에는 자금 부담을 감수하고 무기계약직으로 바꿔줘야 한다고 조언한다. 무기계약직은 정규직보다 임금 수준은 낮지만 복지와 정년이 보장된다. 비정규직법 시행 이후 은행권을 중심으로 계약직원을 무기계약직으로 대거 전환했다.

금융권 관계자는 "무기계약직으로 바뀌면서 직원들의 사기가 올라가고 업무효율이 높아졌다"며 "비록 정규직 수준으로 임금을 맞춰주지 못하지만 시험을 통해 정규직에 도전하는 기회를 줬기에 큰 호응을 얻고 있다"고 설명했다.

비슷한 업무를 하지만 불합리하게 차별받는 피해자들을 손쉽게 구제할 수 있는 통로도 필요하다. 정부는 구제 절차를 간소화하고 차별 개선 가이드라인을 명확히 해서 기업들이 실천하도록 독려해야 한다. 불법 파견에 대한 제재를 더욱 강화하고 사내하도급 근로자 보호가 강조된다.

비정규직과 정규직 간에 이동할 수 있도록 직업훈련 기회를 강화하는 것 역시 고용시장을 보다 유연하게 만드는 방법이다.

장기적으로는 정규직 근로자의 기득권과 진입장벽을 허물 필요가 있다. 정규직 근로자에 집중되는 임금 구조를 손질해 비정규직 근로 여건과 복지 개선이나 일자리 창출에 쓸 수 있도록 사회적 공감대가 요구된다. 결국 정치의 영역이다.

정병석 전 한국기술교육대 총장(현 한양대 석좌교수)은 "나이, 성별, 정규직·비정규직 구분 없이 가족 구성원 모두가 오랫동안 일할 수 있도록 사회통합적인 노동 시장 정책이 필요하다"고 제안했다. 그는 "기존 정규직 근로 시간을 줄이고 과도한 임금을 낮추는 사회적인 합의만 있다면 이를 통해 많은 사람들이 일자리를 나눠 갖고 효율적으로 일할 수 있다"고 진단했다.

서울 삼성동에 위치한 삼성SDS 사옥에서 근무하는 35세 배모 씨.

최근 삼성SDS 역삼동 사옥인 '스마트오피스'에 회의하러 왔다가 아예 눌러앉았다. 배 씨는 "회의가 끝났지만 여기서도 업무를 보는데 전혀 지장이 없어 기존 사무실로 복귀하지 않았다"며 "역삼동에서 삼성동을 오가는 30분을 아끼면 그만큼 보고도 빨라진다"고 만족해했다. 기자가 방문한 날 스마트오피스 3개 회의실에는 직원들이 꽉 찼다. 데스크톱PC와 노트북PC가 놓인 사무실에서도 직원 4명이 바쁘게 업무를 처리하고 있었다.

서울 광진구 자양동에 사는 27세 김소영 씨는 충북 오송에 위치한 질병관리본부에서 기술연구원으로 일한다. 출퇴근하는 데만 왕복 4시간이 걸리다 보니 매일 녹초가 돼 집으로 돌아온다. 그러나 일주일에 한 번은 서울 서초구에 위치한 행정안전부 스마트워크센터로 출근한다. 그때마다 마음이 편안해진다. 퇴근 후에도 개인 활용 시간이 더 생기고 업무 피로도가 줄어들기 때문이다.

김 씨는 "아무래도 직원들과 함께 일하는 것이 편하지만 스마트워크센터에서 일해도 효율성 측면에서 크게 차이는 없다"며 "지역별로 센터가 확대되면 지방으로 이전하는 부처 공무원들에게도 인기를 끌 것"이라고 말했다.

2040세대가 분노하는 핵심 항목은 직장과 주거·교육비다. 전문가들은 경제성장의 고용 창출 기여도에 한계가 있는 만큼 고용 시스템을 바꿔 분노를 덜어줄 필요가 있다고 충고한다. 다소 시간이 걸리더라도 스마트워크(smart work)를 통해 근로 여건을 다양화하는 게 중요하다는 지적이다.

'오전 9시~오후 6시'로 고정된 일과 시간을 탄력적으로 조정하고, 정보기술(IT)을 이용해 공간적인 제약을 없애면 '일거삼득' 효과를 기대할 수 있다. 직원 만족도를 높이고 업무효율성도 극대화할 수 있는 데다 근로자 복지 향상에도 탁월한 효과가 있다. 출퇴근 거리를 감안한 높은 주거비, 잦은 야근과 통근 전쟁, 육아 문제와 관련한 불만을 상당 부분 줄일 수 있기 때문이다.

잡셰어링(job sharing)은 스마트워크의 또 다른 얼굴이다. 스마트워크 범위를 차츰 넓혀 가면 시간을 쪼개 일자리를 늘리는 '잡셰어링'으로 확산시킬 수도 있다. 특히 육아를 '사실상' 전담하느라 직장을 그만둔 여성들을 사회로 끌어낼 수 있다.

경제협력개발기구(OECD)에 따르면 2010년 기준 한국 여성(15~64세) 고용률은 52.6%로 OECD 회원국 평균(59.4%)보다 훨씬 낮다. 대한민국 여성 2명 중 1명 꼴로 사회생활을 하지 않고 있다는 뜻이다.

이찬영 삼성경제연구소 수석연구원은 "OECD 선진국에 비해 한국은 노동 시간이 길고 야근이 잦아 여성들이 노동에 참여하기 어렵

OECD 주요국의 여성 고용률 (단위=%)

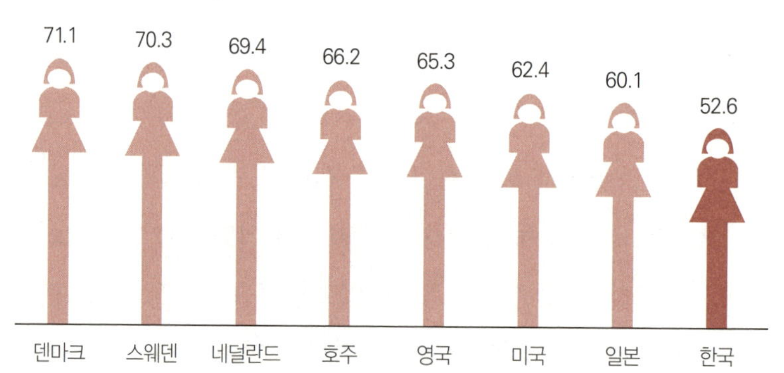

다”며 “차별 없는 법과 제도적인 기반 위에 단시간근로제나 유연근로제를 활성화하면 육아와 일을 병행할 수 있을 것”이라고 진단했다.

삼성SDS는 6개 모바일오피스를 운영하고 있는데, 육아와 업무를 병행하는 워킹맘 직원들에게 상당한 인기를 끌고 있다.

신동엽 연세대 경영학과 교수는 “21세기형 경제 구조에서는 창조적이고 혁신적인 아이디어가 중요한데, 이는 여성적 가치와 맞는다”며 “유리천장을 없애고 고학력 여성들 역량을 충분히 활용해야 한다”고 진단했다.

성효용 성신여대 경제학부 교수는 “저출산·고령화 시대를 맞아 국가 경쟁력 제고 차원에서 생산가능인구를 늘리려면 여성의 경제활동 참가를 독려해야 한다”고 지적했다. 유연근무 등 스마트워크에 대한 불이익을 최소화하려면 정부가 앞장서 사회적인 공감대를 형성할 필요가 있다. 하지만 실제론 정부가 뒷걸음질을 치는 모습을 보이고 있다는 지적이다.

정부는 일하는 방식을 선진화하기 위해 11개 중앙부처에서만 시범운영했던 스마트워크를 전 부처로 확대할 계획이라고 밝혔지만, 정작 2012년 정보화 예산(안)에서 스마트워크센터 구축·운영 예산을 2011년 41억 원 대비 절반 수준인 24억 원으로 줄였다. 스마트워크 신청자가 많지 않다는 이유에서다. 인사가 만사인 한국 공직사회의 대면문화 때문이다.

서기만
LG경제연구원 연구위원

'일거삼득'의 해법, 스마트워크 활성화를 위한 제언

"스마트워크의 생산성 향상 효과는 분명하다. 하지만 확산의 열쇠는 근로 문화의 개혁에 달렸다."

서기만 LG경제연구원 연구위원은 "'얼굴을 봐야지만 불안하지 않다'는 한국 문화가 스마트워크센터 확산을 가로막는 큰 장벽"이라고 강조했다. 법적·기술적 문제는 전혀 없지만 기업 내부의 제도적·문화적 문제가 있다는 뜻이다.

서 연구위원은 "스마트워크가 확산되면 지금까지 대면 접촉에 기반해 이뤄졌던 모든 관리 방식을 바꿔야 한다"면서 "직원 처지에서도 업무 시간에 발생하는 일들을 자신이 책임져야 한다는 점에서 불안감이 있다"고 분석했다.

업무 지시 방식도 바꿔야 한다. "이런 거 한번 해봐"라는 모호한 지시 대신 "몇 시까지 어떤 일을 이러한 방식으로 완료하라"는 명확한 지시로 바꿔야 한다는 뜻이다.

하지만 문화적인 이질감을 생각하기에 앞서 기업과 정부가 스마트워크센터부터 적극 도입해야 한다는 게 서 연구위원 주장이다. 그는 "스마트워크의 외부 효과에 주목하라"고 말한다. 특히 보육 문제가 있는 여성 근로자들의 복지가 크게 향상된다. 재택근무의 경우 집안일을 하다가 업무를 보지 못할 수 있다. 그러나 스마트워크센터로 출근할 경우 보육시설과 가까이에 있다는 심리적인 안정감 때문에 업무 능률이 더욱 오른다는 설명이다.

스마트워크의 현명한 도입 방법은 뭘까? 서 연구위원은 "문화적 충격을 감수하고라도 제도를 확 바꿔야 한다"고 말한다. 그는 "기업의 평가·보상제도, 업무지시제도를 단칼에 바꾸는 상위 관리자의 결단이 중요하다"고 강조했다.

분노를 다스릴 지도자

분노는 그 자체로 에너지다. 올바른 해결책이 제시되기만 하면 그 에너지를 모아 사회발전의 원동력으로 삼을 수도 있지만 자칫 잘못하면 분노가 폭발해 사회가 위기에 처하게 된다.

이를 잘 아는 국가 운영자들은 분노한 민심을 달래기 위한 치유책을 항상 고민해왔다. 조선시대도 그랬고 지난 60년 대한민국의 역사에서도 그랬다. 분노의 강도가 셀수록 치유책도 강렬했다. 하지만 그 결과는 제각각이었다. 위기를 극복한 사례도 있지만 왕조와 정권이 무너진 사례도 허다하다.

사실 양극화와 실업, 분노는 한국만의 문제가 아니다. 다만 한국에는 특별한 사정이 추가된다. 한국적인 '분노 치유 솔루션'이 필요한 이유다.

매일경제와 리서치업체 엠브레인이 공동으로 국민 1,200명을 대상으로 2011년 말 설문조사한 결과 한국인들은 외환위기 직전인 1997년 4월과 비교해 자본주의 발전을 저해하는 요소들이 점점 심해지고 있다고 느끼는 것으로 나타났다.

소득분배에 대한 평가는 10점 만점에 3.66점으로 1997년 4.09점보다 0.43점 하락했다. '기회균등'은 4.75점에서 4.26점으로, '공정한 경쟁'은 4.59점에서 4.2점으로, '능력에 따른 보상'은 5.19점에서 4.85점으로 각각 하락했다. 오로지 '민주주의 성숙' 점수만 4.45점에서 5점으로 높아졌을 뿐이다.

'분노하라' 티셔츠.

한국 현대사에도 분노를 제대로 다스리지 못해 정권이 바뀐 사례가 있다. 대표적인 것이 1979년 10월 부마항쟁과 박정희 대통령의 서거다. 1970년대 후반 한국 경제는 단기간의 중화학공업화에 따른 후유증과 엄청난 물가에 짓눌려 있었다. 소비자물가는 1977년 10.1%, 1978년 14.5%, 1979년 18.3%로 치솟았다. 그야말로 자고 일어나면 가격표가 바뀌는 나날이었다.

여기에 1979년 제2차 오일쇼크가 겹쳤다. 이런 상황에서 부가가치세 도입은 전혀 예상치 못했던 또 다른 변수였다. 물론 부가세 도입은 비교적 경기가 좋았던 1976년 추진했다. 1977년 7월 1일 세율 10%에 세수 창출 2,100억 원이 목표였다. 하지만 2년이 지나 물가 폭등이 맞물리면서 자영업자의 불만은 극에 달했다.

1970년대 말 소비자물가 상승률 (단위=%)

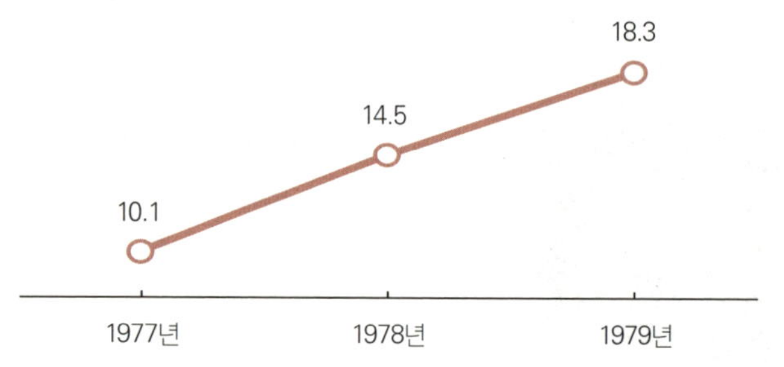

1979년 10월 16일. 부산대 학생 5,000여 명이 '유신정권 물러나라'는 구호를 외치며 시내로 뛰쳐나왔다. 10월 17일엔 시민이 합세했다. 당시 부산·마산 지역은 '부가세를 철폐하라'는 피켓까지 등장할 정도로 모든 분노의 집합장으로 돌변했다. 하지만 정부는 아랑곳하지 않고 18일 공수단 병력을 투입했다. 그리고 26일 박 전 대통령은 측근에게 총탄을 맞았다. 불황에 따른 경제적 좌절이 정치적 분노와 맞물리고, 이를 무력으로 진압하는 정부의 잘못된 분노 솔루션이 만들어낸 비극이었다.

그리고 1980년대. 6·10항쟁과 6·29선언으로 민주화열기가 뜨거웠던 시기, '노동의 분노'가 폭발했다. 이때의 임금 인상 수용은 마지못해 받아들인 분노 솔루션이었다. 그해 6월 29일 노태우 민정당 대표의 직선제 개헌 수용을 담은 6·29선언은 정치적인 측면에서도 비교적 성공적인 분노 솔루션이었다.

그러나 경제적으로도 온갖 기대감을 한꺼번에 분출시키는 계기가 됐다. 노조 설립이 잇따르고 쟁의 건수도 급증했다. 같은 해 7~8월에만 3,500건의 노동쟁의가 발생했다. 1987년 제조업체 근로자의 평균 임금 상승률은 15%, 이듬해엔 14.1%를 기록했다. 특히 정부는 고졸 학력자 임금 인상 요구를 적극 수용했다. 1989년 초임 고졸 남자의 월급여는 25만 1,274원으로 2년 만에 15.6% 상승했다.

박정희 정권 때 도입된 부가가치세 덕분에 이때부터 사회간접자

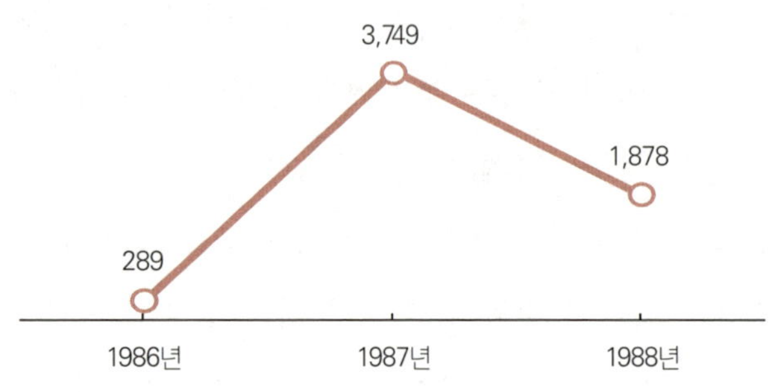

1987년 전후 노사분규 건수 (단위=건)

본(SOC) 확충 등 국내총생산(GDP) 대비 재정지출이 꾸준히 증가세를 타게 된 것은 아이러니다. 물론 물가 상승 등 부작용도 만만치 않았다. 소비자물가 상승률은 1987년 3%에서 1998년 7.1%, 1989년 5.7%, 1990년 8.6%, 1991년 9.3%로 노태우 정부 내내 고공 행진을 했다.

노조 설립 자유화 정책은 저임금 노동력에 기반을 둔 기존 성장 모델을 깼다는 점에서 훗날 긍정적인 평가를 받았다. 기술과 자본 집약적 산업에 투자함으로써 한국 경제를 한 단계 업그레이드하는 데 성공한 것이다. 노사분규도 1988년부터 급속히 줄어들었다. 그러나 노조의 행태가 과격해진 것은 두고두고 한국 경제의 짐이 됐다. 과격 노조의 폐해가 없었다면 1인당 국민소득 2만 달러 시대가 훨씬 앞당겨졌을 것이란 평가도 있다.

1998년 외환위기는 한국 경제를 송두리째 바꿔놓았다. 이기호 당시 노동부 장관은 1997년 12월 "국제통화기금(IMF)과의 협상으로 내년도 경제성장률을 3%로 잡았을 때 실업자는 80만 명 정도로 1997년 45~50만 명보다 30만 명 정도 늘어날 것"이라고 전망했다.

하지만 현실은 훨씬 가혹했다. 통계청은 이듬해 6월 실업자 수를 152만 9,000명으로 발표했다. 이 가운데 서울 실업자가 40만 8,000명이었다. 4인 가족 기준으로 국민 608만 명의 생계가 끊긴 셈이다. 분노를 넘어 자살이 줄을 이었다.

발등에 떨어진 불을 끄기 위해 김대중 정부가 택한 카드가 비정규직 확대에 대한 묵인이었다. 노동 유연성을 높여 일자리를 나누자는 나름대로의 분노 치유책이었다. 하지만 2011년 현재 577만 명

점점 늘어나는 비정규직 (단위=만 명)

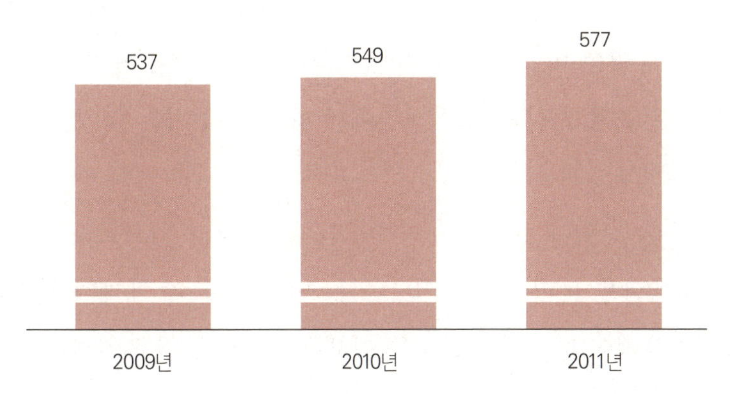

으로 불어난 비정규직은 한국 사회가 새로 안게 된 심각한 '분노의 원천'이다. 비정규직은 전체 임금 근로자 1,573만 1,000명 가운데 577만 3,000명을 차지한다.

월평균 임금은 정규직(198만 5,000원)보다 71만 2,000원이 적고, 퇴직금과 상여금, 시간외수당을 받는 비중은 정규직의 절반 수준에 못 미친다. 전문가들은 "어떤 해법을 내놓느냐에 따라 한국 경제의 미래가 달라질 것"이라고 입을 모은다.

28세 주부 이미영 씨(가명)는 내지 않아도 될 국민건강보험 미납 금액 때문에 속이 쓰리다. 이 씨는 약 1년 전 결혼을 앞두고 직장을 그만뒀다. 하지만 퇴직하면서 자격취득상실신고서를 내지 않은 것이 화근이었다. 이 씨는 "건강보험공단 측에서 연락이 없어 회사를 퇴직하면 자연스럽게 피부양자로 바뀔 줄 알았다"고 말했다. 하지만 공단은 이 씨에게 "직장을 퇴직한 지 90일이 넘었는데도 상실신고를 하지 않아 미납 금액을 내야 한다"고 통보했다. 이 씨는 "납세 의무만 강조하고 정작 절차 설명에는 나 몰라라 하는 것에 화가 난다"고 말했다.

복지예산을 늘리는 것만이 능사는 아니다. 복지 체계가 복잡하고 비효율적이면 국민의 분노를 잠재우기는커녕 더욱 자극하는 원인이 된다. 유럽 재정위기의 핵심 원인 중 하나도 일부 국가들이 '국

방대한 복지 업무 주관부처 (단위=개)

부처	서비스 수	주요 사업 내용
보건복지부	156	기초생활 보장. 장애인연금 등
여성가족부	36	청소년 특별 지원. 한부모가족 지원 등
국가보훈처	28	국가유공자 재가복지 지원. 재해보상금 등
고용노동부	23	장애인 창업사업. 장애인 취업 지원 등
교육과학기술부	10	유아 학비 지원. 우수학생 국가장학사업 등
국토해양부	10	국민임대주택 공급. 저소득가구 전세자금 등
지식경제부	10	저소득층 에너지효율 개선 등
농림수산식품부	7	농어업인 영유아 양육비 지원 등
문화체육관광부	6	여행바우처 등
행정안전부	2	정보통신 보조기기 보급 등
산림청	2	산림 서비스 증진 등
방송통신위원회	1	장애인 방송 제작 지원
소방방재청	1	재난 취약가구 안전점검 및 정비사업

자료=국무총리실

민을 위한 복지'가 아니라 '공무원을 위한 복지'를 해왔다는 점이다. 한국도 이런 비판에서 자유롭지 못하다.

예산만 놓고 보면 한국은 이미 만만치 않은 '복지공화국'이다. 정부가 2011년 확정한 2012년도 예산안에 따르면 복지 부문 예산은 2011년 86조 4,000억 원에서 2012년 92조 원으로 증가했다. 전체 예산에서 차지하는 비중도 28%에서 28.2%로 증가했다. 하지만 이 같은 예산 증액에도 이를 지급할 단일 창구나 컨트롤타워는 전무하다.

국무총리실에 따르면 복지 사업은 보건복지부를 비롯해 13개 부처가 총 292개 사업을 관장하고 있을 정도로 방만하다. 복지부가 156개 사업으로 가장 많고 여성가족부 36개, 국가보훈처 28개, 고용노동부 23개, 교육과학기술부 10개 등으로 분산돼 있다.

현행 보건복지부-교육과학기술부-고용노동부 체제가 제대로 작동하고 있느냐에 대해서는 고개를 가로젓는 전문가가 많다. 전문가들은 기존 공무원 조직 위주로 짜인 부처 분류를 과감히 탈피해 교육·고용·복지를 '한 묶음'으로 인식해야 한다고 조언한다. 달라진 사회 여건에 맞춰 사회부처도 체제를 달리해야 한다는 것이다.

고용과 복지를 통합한 고용복지부, 고용과 교육을 통합한 인재개발부, 심지어 교육·고용·복지를 모두 통합한 가칭 '인재복지부'가 필요하다는 얘기까지 나오고 있다.

영국 복지 시스템 통합 성공 사례

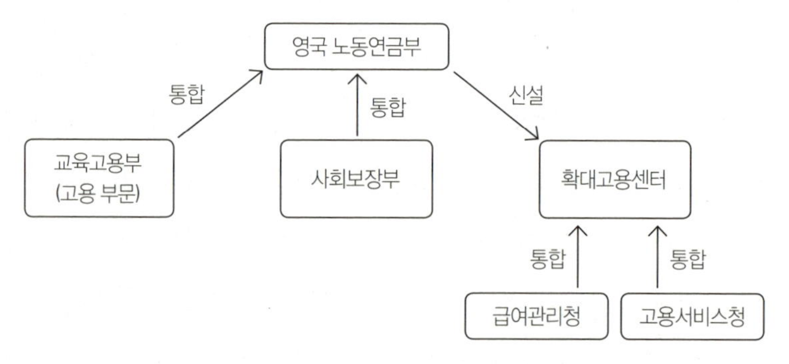

영국이 대표적 사례다. 영국은 복지와 고용 부문을 통합하고자 2001년 노동연금부를 신설했다. 효율성을 더욱 높이고자 2002년에는 확대고용센터를 구축하고 기존 급여관리청과 고용서비스청 업무를 통폐합했다.

고영선 KDI 연구본부장은 "우리나라에서는 중복되는 복지·고용 사업이 과도하게 많고 이용도 불편하다"면서 "복지와 고용, 그리고 교육 일부분을 떼어내 이들을 총괄하는 부처를 신설할 필요가 있다"고 주장했다. 실제로 복지 사업의 경우 부처별로 집행하다 보니 현장 창구가 매우 복잡하다. 읍·면·동이 담당하는 복지 서비스는 180개, 보건소는 26개며 보훈처 지청이 28개, 교육청이 5개에 달한다. 지방자치단체 특별행정기관 외에 각종 공공기관이 담당하는 서비스는 더 많다.

김용하 보건사회연구원장은 "우리나라는 100종류가 넘는 복지 급여를 다양한 방법과 경로로 전달하는 과정에서 문제가 빈번히 발생한다"면서 "호주나 뉴질랜드 복지 단일화 창구인 센터링크를 참조할 필요가 있다"고 설명했다.

호주 정부는 1997년 국민이 복지 서비스를 한 곳에서 받을 수 있도록 하고자 복지센터인 '센터링크'를 설립했다. 이곳에서 호주 국민은 실업수당과 연금, 가족수당을 받을 수 있으며 보육지원금과 학자금, 일자리까지 알선을 받는다.

호주 캔버라에 있는 센터링크 본부(아래)와 뉴사
우스웨일스주 매릭빌시 센터링크 지점의 모습
(위). 호주는 1997년 31개에 달하던 복지 서비스
전달 창구를 센터링크로 일원화했다.

우리로 치면 읍·면·동 사무소와 국민연금공단, 근로복지공단, 장
애인고용공단, 장학재단 등이 모두 통합된 셈이다. 한국적 현실에
맞는 통합 방안은 크게 두 가지다. 사회복지청을 신설해 각종 공단
과 지자체 업무를 흡수하고 권역별로 사회복지센터를 두거나 지자
체를 중심으로 읍·면·동 단위에 '종합복지센터'를 개소하는 것이다.

MB정부 임기가 얼마 남지 않은 상황에서 공무원 수를 늘리자는
목소리는 어느 때보다 커지고 있다. 행정안전부가 집계한 2012년
도 국가직 공무원 증원 요구안에 따르면 15개 부처와 16개청, 4개
위원회에서 요청한 인원은 총 3만 1,142명이다.

국민 삶의 질을 개선하고 분노를 달래려면 정책을 수행해야 할 공무원 수가 보장돼야 한다는 논리다. 한국 경제 수준이라면 이른바 '사회적 일자리' 확대는 자연스럽다는 주장도 만만치 않다.

하지만 상당수 전문가는 '지금이 과연 작은 정부를 포기하고 큰 정부를 당연시할 때인가'에 대해 의문을 제기한다. 특히 '큰 정부' 형태가 철밥통 공무원 수를 늘리는 방식이어야 하는지에 대해서는 회의적인 반응이 많다. 자칫 한국 정부 또는 한국의 재정이 갖고 있는 복지 여력이 비효율적으로 조기에 소진될 수 있다는 지적이다.

행정안전부에 따르면 지방직을 포함한 공무원 총정원은 2010년 97만 9,583명을 기록했다. 이는 2003년 91만 5,945명보다 6만 3,638명이 늘어난 수치다. 또 인구 1만 명당 공무원 수도 191명에서 200명으로 4.7% 늘었다. 대한민국 인구가 늘어나는 속도보다 공무원 수가 더욱 빠르게 늘고 있다는 대목이다. 자연스럽게 인건비도 늘었다. 공무원 인건비 총액은 2003년 16조 8,000억 원 수준에서 2010년 25조 5,000억 원으로 증가했다.

전문가들은 차기 정부가 정부 조직 개편을 추진한다면 불필요하고 비효율적인 공무원 인력 증원에 대한 제동 장치 마련이 반드시 고려돼야 한다고 강조한다. 역대 정권은 집권 초반부에 조직을 통폐합하고 공무원을 줄여 효율적인 정부를 추구했지만 임기 말 실패하는 악순환을 되풀이했다. 인력 증원 견제 장치를 제도화하지 못했기 때문이다.

전문가들은 이와 함께 증원에 앞서 시스템부터 효율적으로 개편하는 것이 바람직하다고 지적한다. 특히 1~2년 단위로 자리를 옮겨 다니는 순환보직제가 전문성이 극도로 요구되는 오늘날 사회에 적합하지 않다고 주장한다. 순환보직 방식은 관리 능력을 높인다는 장점은 있으나 빈번한 전보로 능률성이 떨어진다는 설명이다. 행안부에 따르면 2010년 전보자 중 29.5%가 1년 이내, 31.2%가 1~2년에 자리를 이동했다. 우리사회 분노 치유를 위해 중요한 건 효율적인 공무수행이지 '공무원의 수'가 아니라는 얘기다.

'스마트 정부조직 개편과 부서 간 유기성 강화'는 복지나 치안 등 국민 생활과 맞닿은 영역에서만 다뤄질 문제가 아니다.

2008년 2월 이명박 정부의 대통령직 인수위원회가 정부 조직 개편안을 발표했을 때 경제부처 한 고위 관계자 "국제 금융과 국내 금융을 따로 떼어둔 것이 언젠가 큰 문제를 일으킬 것"이라고 걱정했다. 불행히도 이 같은 우려는 현실로 나타나고 있다.

정부 고위 관계자는 기획재정부-국제 금융, 금융위원회-국내 금융이라는 이원화한 금융 정책 체제에 대해 "소버린 쇼크가 발발한 직후 일관된 금융 정책 추진이 더욱 중요해졌다"면서 "하지만 현 체제로는 논의하고 의견을 일치하는 데만 시간이 너무 많이 소요된다"고 토로했다.

조직이 다르다 보니 이슈에 대한 견해차도 크다. 재정부와 금융위는 큰 이슈가 있을 때마다 의견차를 보이기 일쑤다. 2010년 7월 단기 국채 발행 여부를 둘러싸고 금융위는 재정부, 한국은행과 모두 합의했다고 주장했지만 막상 재정부는 단기 국채 발행이 확정된 것은 아니라고 반박했다. 2008년엔 주택담보대출인정비율(LTV)과 총부채상환비율(DTI)을 놓고 부딪쳤다. 이런 부서 간 충돌은 국가 정책의 효율성에 영향을 주고 국민들의 분노에 불을 지핀다.

이상빈 한양대 교수는 "국제 금융 정책과 국내 금융 정책을 이원화한 것은 글로벌 시대에 맞지 않는다"면서 "특히 대외 의존도가 높은 우리나라 사정을 감안할 때 재고돼야 한다"고 강조했다.

무작정 부서를 없애는 것도 답은 아니다. 이명박 정부가 단행한 '정보통신부 폐지'는 있어야 할 조직을 해체·통합한 사례로 꼽힌다. 이명박 정부 내내 지속됐던 IT업 종사자들의 현 정부에 대한 분노가 막연하거나 불합리하다고 느껴지지 않는 이유다.

추후 정부조직이 개편될 때는 어떠한 형태로든 IT 분야 컨트롤타워가 필요하다는 지적이다. 다만 한국 IT 산업의 무게중심을 어디에 두느냐에 따라 컨트롤타워의 형태가 달라질 수 있다는 게 전문가들의 분석이다. 단말기, 네트워크 중심이라면 신속한 의사결정이 가능한 옛 정보통신부 같은 부처 형태가 나을 수 있지만, 소프트웨어 쪽에 방점을 찍는다면 별도의 위원회 조직이 더 바람직할 수 있다는 것이다.

오피니언리더의 회신

"기성세대가 반성해야 한다. 하지만 그것만으로 분노가 해결되는 것은 아니다."

매일경제 분노의 시대 특별취재팀이 분노 해법을 물었을 때 되돌아온 명망가들의 '쓴소리'다. 비합리적이고 불공정한 제도·관행은 과감히 뜯어고치되, 분노에 낀 '거품'도 함께 걷어내야 한다는 지적이다. 특히 복지 정책에 있어서는 극빈층과 취약계층부터 보호한다는 우선순위를 존중하라고 충고했다.

- 이준구 서울대 경제학과 교수

개혁 성향 경제학자인 이 교수는 소득수준에 관계없이 모든 사람에게 필요한 '가치재(價値財, merit goods)'로 복지가 집중돼야 한다고 지적했다. 이 교수는 "가치재는 모든 국민이 원하고 그렇게 해야 할 마땅한 가치가 있는 것"이라며 대다수의 사람들이 공감할 만한 사안을 중심으로 복지 정책이 재편돼야 한다고 주장한다.

이런 가치재에 벗어나는 대표적인 사례가 '대학교육'이다. 그는 "대학교육은 모두가 받아야 하는 교육이 아니다"며 전체 고교 졸업자 10명 중 7명이 넘는 대학 진학생들의 등록금 문제를 국가가 주도적으로 해결하는 것은 맞지 않는다고 지적했다.

미국 예일대 등 일부 아이비리그 대학들처럼 '니드 블라인드 정책(need blind policy)'을 실시해야 한다고 이 교수는 덧붙였다. 당락은 학생의 경제적 상황을 고려하지 않은 채(blind) 순전히 지원자의 학업능력을 바탕으로 결정하고 이후 가족 소득을 바탕으로 학자금을 지원해줘야 한다는 얘기다.

- 현오석 KDI 원장

현 원장은 특단의 일자리 창출 대책만이 핵심 해법이라고 강조했다. 현 원장은 "국민이 양극화를 느끼는 까닭은 임금 격차 확대 때문"이라며 "이는 국민이 필요로 하는 만큼 고품질 일자리와 고소득 일자리 창출이 되지 않고 있다는 얘기"라고 설명했다. 그는 특히 청년 일자리 창출을 위해 대학 구조조정과 현장교육, 고용할당제 등을 검토해야 한다고 말했다.

현 원장은 "청년층이 원하는 일자리인 대기업·공무원·공기업은 어려운 시험을 요구하거나 검증된 경력자를 원하는 데 반해 청년들이 몸담은 대학은 사회가 필요로 하는 인재를 공급하기 어렵다"면서 "벨기에 등이 시행하고 있는 청년층 고용할당제도 검토할 만한 대안"이라고 말했다. 그는 이어 "고품질 일자리가 많이 늘어난다면 복지에 대한 부담도 줄어들 수 있다"면서 "복지에 대한 우선순위는 빈곤층 중심으로 가는 게 맞다"고 말했다.

- 백태웅 하와이대 교수

민주화 운동가 출신 학자 백 교수는 "양극화의 문제를 꼭 경제적 재분배의 문제로 보아서는 안 된다"며 "삶의 최저선을 보장하는 복지만이 아니라, 포괄적인 경제적 민주주의의 확대가 필요하다"고 강조했다. 이를 위해 국민 가슴에 못을 박는 불공정한 정치와 경제 제도, 원칙 없고 편파적인 법 운용을 바꾸고 절망하고 있는 사람들의 마음을 헤아리는 조치가 절실하다고 덧붙였다.

그는 "국민이 분노하는 것이 당연하다"며 "1997년 외환위기 때 장롱 속의 돌반지까지 꺼내 헌납했는데 그 성과가 소수의 대기업들에 돌아가고 자신의 삶은 더욱 힘들고 피폐해진 것을 느낄 때 누군들 그렇지 않겠느냐"고 일갈했다. 그는 "실업과 비정규직, 불안정한 고용과 극단적인 저임금 앞에서 절망하는 젊은 세대의 고민을 이해하고 그 문제에 대한 해결 방안을 우선 내놓지 않고는 민주주의와 정의를 더 이상 논할 수 없다"고 강조했다.

- 안상훈 서울대 사회복지학과 교수

북유럽 사회복지 모델 전문가인 안 교수는 분노 해법으로 '선별주의 전략'을 강조했다.

안 교수는 "통일 준비, 고령화라는 특수성을 가진 우리나라의 경우 보편적 복지를 지향하되 가장 급한 불부터 끄는 긍정적 선별주의 전략을 펴야 한다"며 "긴급을 요하는 극빈층에게 복지 수요를 충족시켜주고, 기회의 평등 차원에서 교육과 보육 면에서 보편적 복지를 추구해야 한다"고 말했다.

그는 최근 불거진 초등학교·중학교 무상급식이나 반값 대학 등록금 논의에 대해서는 "우리나라 의무교육은 중학교까지인데, 현실적으로 중학교를 나와서 할 수 있는 건 별로 없다"며 "기회의 평등 차원에서 고교 진학이 우선이지, 그

것도 안 하면서 무상급식이나 반값 등록금을 얘기하는 것은 원칙이 없는 셈"
이라고 지적했다.

안 교수는 보육에도 우선순위를 둬야 한다고 강조했다. 그는 "보육에 대한 복
지는 노동시장에서 여성의 기회 보장과 아이들에게 기회 평등을 동시에 줄 수
있다"고 설명했다.

Chapter 04

자본주의를 넘은 공감자본주의

"'아무리 정직하게 노력해도 성공하지 못한다는 인식은 기존 기득권자들에게겐 자기 것을 놓지 않으려는 경쟁적인 지대추구 행위로 나타나고 있고, 다른 사람들에겐 이런 행위가 쓰라린 좌절감의 원인으로 작용한다'는 등의 분석에 매우 공감한다. '삶의 질 개선'이라는 아젠다에 어떻게 힘을 실을 것인가에 대한 고민과 노력이 필요한 시점이라는 생각이다."   - 네티즌 Hye***********

"사회 곳곳에서 분노가 넘쳐난다. 대책을 세워야 할 책임은 누구에게 있는가? 국민 각자의 각성? 물론 그것도 분명 필요하지만 뭔가 꼬여 있는 듯한 느낌을 늘 갖게 되는 이 사회분위기를 일신하기 위한 특단의 대책이 필요하다."

- 네티즌 tre*********

성장 없는 분배는 없다. 가능하더라도 잠깐에 그칠 뿐이다. 당연한 얘기다. 하지만 너무나도 자주 잊히고 무시당하는 진실이기도 하다. 이래선 분노에 대한 해답을 얻을 수 없다. 어떻게 나눌 것인가를 논할 때 어떻게 이룰 것인가에 대한 고민을 놓쳐서는 안 된다. 요컨대, 어떻게 분노를 다스려가며 지혜로운 성장을 이어갈 것인지를 고민해야 한다.

그 해법 중 하나가 바로 공감(共感) 자본주의다. 성장피로감에 지쳐있는 국민들에게 필요한 것은 '공감(共感)'이 밑바탕에 깔린 자본주의다. 사회 구성원의 합의와 공감을 전제로 지속적인 성장을 추구한다는 의미다. 낙오자도 인정할 수 있는 경쟁, 패자가 받아들일 수 있는 승부, 실패자도 수긍할 수 있는 기회를 보장해주는 자본주의다.

공감 자본주의는 경제적 약자 보호에 초점이 맞춰진 '온정적인 자본주의', '인간미 있는 자본주의'를 의미하는 것은 아니다. 기존의 '고비용 저효율' 사회를 '저비용 고효율'로 바꾸자는 뜻도 함께 담겨있다. 예컨대, 공공기능을 강화해 주거, 교육비 등의 부담을 구조적으로 줄여주고, 공정한 룰에 따른 경쟁을 활성화시킴으로써 효율성을 증대시키자는 아이디어다.

사실 공감의 미덕은 현대자본주의의 태동기부터 시장의 핵심적인 원리로 존재해왔다. 다만 후세가 그 중요성을 간과하고 있을 뿐이다.

아담 스미스는 이기적 존재들이 사회를 이뤄 함께 살아갈 수 있는 원리로 '공감(sympathy)'을 꼽았다. 아담 스미스는 그 심리적 원인이 이기심이든, 이타심이든 객관적으로 공감을 얻어낼 수 있는 수준의 행동이라면 그 자체가 도덕적이 될 수 있다고 봤다. 공감은 다른 사람의 이익과 자신의 이익을 조화롭게 추구할 수 있는 논리적 연결고리였던 셈이다.

제레미 리프킨도 그의 저서 《공감의 시대》에서 공감(empathy)을 바탕으로 한 제3차 산업혁명을 예고한 바 있다. 리프킨은 새로운 경제체제가 이기적 경쟁보다는 이타적 협업을 추구할 것이며, 적자생존과 부의 집중 대신 분산 네트워크를 기반으로 '윈-윈'을 추구할 것으로 내다봤다. 리프킨은 이러한 역사적 움직임을 '분산 자본주의 시대의 여명'이라고 표현했다.

분노 솔루션을 집약한 '희망의 나무'. 그 가지와 잎새는 점점 더 풍성해져야 한다. 분노라는 토양에 뿌리를 내린 분노 솔루션이 나무라면 이에 필요한 정책들은 가지와 잎새다. 희망의 나무가 풍성해지고 열매가 열리려면 '희망의 나무'는 완성된다. 추상적인 나무의 밑동이 큰 가지와 작은 가지, 잎새로 이어지면서 구체화하게 된다. 총체적인 분노 솔루션이 '희망의 나무'라면 공감 자본주의, 21세기형 소통정치, 자정형 건전 생태계, 선진형 균형경제 등은 큰 가지다.

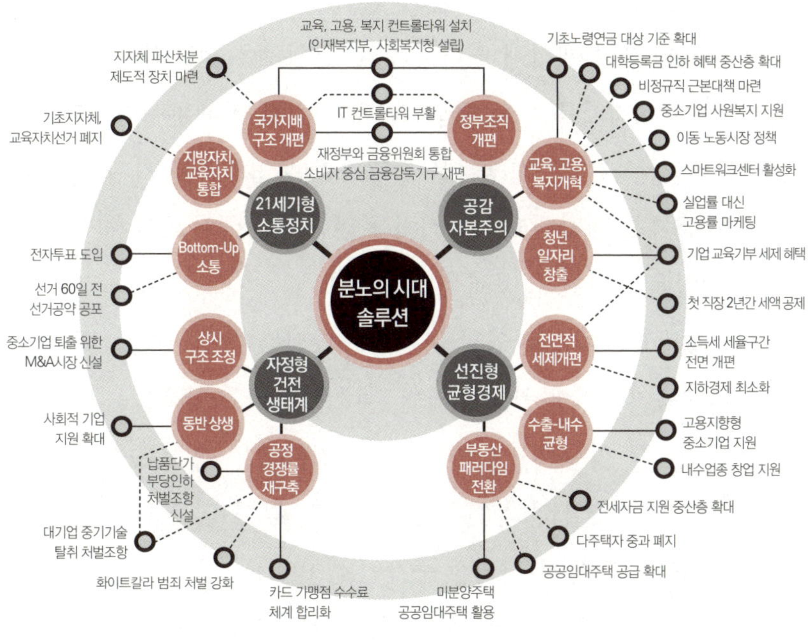

큰 가지 1: 공감 자본주의

오늘날 많은 전문가들은 한국 사회에서 분노를 걷어낼 해법으로 교육·고용·복지 부문의 동시 개혁을 꼽고 있다. 600만 명에 육박한 비정규직 문제와 청년 취업난, 신분 상승의 사다리를 걷어버린 기존 대학입시제도, 복잡하고 방만한 복지전달체계 등에 대한 정면돌

파가 절실하다는 지적이다. 이를 위해 전면적인 정부조직 개편도 필요하다는 충고다.

교육·고용·복지 개혁에 있어 강원도 영월군은 대표적인 성공 사례다. 종합 패키지를 통해 행복도시로 부상했기 때문이다. 영월군 봉래중학교는 떠나는 학생들을 잡고자 택시업체와 장기계약을 맺어 통학 문제를 해결했고 저녁식사를 인근 식당에서 배달해가며 방과 후 수업을 실시했다. 공교육 정상화다.

봉래중학교 케이스는 영월군 전체로 확산됐다. 2010년 여름부터는 영월교육지원청 차원에서 영월 관내 모든 학교 학생들을 대상으로 어학연수를 실시하고 있다. 2010년 영월군은 인구 유출을 멈추고 4년째 4만 500명 안팎 인구를 유지하고 있다. 인근 농촌들이 감소하는 것을 고려할 때 사실상 증가인 셈이다.

우울한 모습도 있다. 바로 중구난방식 복지전달체계다. 국무총리실에 따르면 복지 사업은 보건복지부를 비롯해 13개 부처가 총 292개 사업을 관장하고 있을 정도로 방만하다. 복지부가 156개 사업으로 가장 많고 여성가족부 36개, 국가보훈처 28개, 고용노동부 23개, 교육과학기술부 10개 등으로 분산돼 있다. 현장 담당자들조차 제대로 이해할 수 없을 정도로 복잡한 시스템 때문에 국민들의 불만이 크다.

전문가들은 고용과 복지를 통합한 고용복지부, 고용과 교육을 통합한 인재개발부, 심지어 교육·고용·복지를 모두 통합한 가칭 '인재

복지부'가 필요하다고 주장한다. 이른바 '황금삼각망' 구축이다. 퇴직이 잦은 시대인 만큼 재교육과 복지 혜택을 국민이 실업 상태에 놓였을 때 맞춤형으로 신속히 제공하는 고용을 극대화하자는 맞춤형 복지 시스템이다. 영국이 복지와 고용 부문을 통합해 노동연금부를 신설한 것은 벤치마킹 사례다.

또한 대학등록금 인하혜택을 중산층으로 확대하고, 중소기업 사원복지를 정부가 지원하고, 스마트워크센터를 활성화해 삶의 질을 개선하고, 기업 교육 기부에 세제혜택을 부여하는 것도 대표적인 패키지 개혁 방안이다.

큰 가지 2: 선진형 균형경제

양극화를 뛰어 넘는 방안은 선진형 균형경제에 달렸다. 일방적인 퍼주기식 포퓰리즘을 피하면서도 경제 전반의 균형을 되찾자는 취지다. 어느 한 쪽으로 과도하게 치우친 채 방치됐던 한국 경제의 현주소에 대한 반성이기도 하다.

균형경제에서 뻗어 나온 가지로는 부동산 패러다임 전환, 전면적인 세제개편, 수출-내수 균형 등을 꼽을 수 있다.

선진형 균형경제를 만들어가는 과정에서 '국민 분노의 뇌관'으로 꼽혀온 부동산 패러다임의 전환은 한시 바삐 해결해야 할 과제다.

지금 부동산 시장은 집을 가진 사람이나 집을 갖지 못한 사람이나 불만이 높은 상황이다. 국민 대다수가 주거비 부담에 억눌리고 있다는 점에서 매우 중요하다.

부동산 패러다임 전환과 관련해 부산도시공사의 공사비 절감은 시사하는 바가 크다. 부산도시공사는 부산 남구 용호동에 있는 대다수 저소득층으로 구성된 308여 가구 단독주택을 재개발하면서 건축비를 혁신적으로 낮췄다. 모델하우스를 없애는 대신 사옥 내에 주택 유닛을 설치했고 공사비를 미리 확정해 놓고 설계와 시공을 최적화시키도록 일괄 발주하기도 했다. 잦은 설계 변경으로 공사대금이 올라가는 것을 바꾸기 위한 대책이었다. 또 수십억 원에 달하는 외주 감리도 자체감리로 대신했다. 이를 통해 산출된 가격은 3.3㎡당 분양가격 580만 원. 보상가격에서 3.3㎡당 100만 원 안팎만 추가된 비용으로 새집에 들어갈 수 있었다.

비용절감이 미시적인 대책이라면 다주택 보유를 허용하고 임대주택을 확충하는 것은 거시적인 대책이다. 다주택자에게도 장기보유특별공제 혜택을 부여하고 임대주택을 늘려 전세부담을 줄이자는 방안이다. 2012년 4·11 총선을 거치면서 여야 모두 임대주택 확충을 공약으로 들고 나온 것은 매우 바람직한 일이다.

균형경제를 위해서는 고소득 자영업자에 대한 공정한 세금 납부도 철저히 할 필요가 있다. 고소득 자영업자의 세원 은닉으로 샐러리맨들만 부담이다. 고소득 자영업자 소득탈루율은 40.9%에 달한다. 실제소득이 100만 원이라면 국세청에 신고하지 않은 소득이 무려 40만 9,000원이라는 얘기다.

'화폐수량방정식'으로 산출된 지하경제 규모는 충격적이다. 2011년 상반기 말 현재 지하경제 규모는 국내총생산(GDP) 대비 22.58%에 달했다. 지하경제는 1996년 24.36%에서 외환위기를 거치면서 2003년 17.65%로 하락했지만 2008년 이후 다시 상승하고 있다. 특히 전문직 사업자들의 탈세는 도를 넘고 있다. 전면적인 세제개편을 통해 지하경제를 최소화함으로써 사회적 형평성을 높여야 한다.

다만 징벌적인 부자세 도입은 신중할 필요가 있다. 그보다는 중산·서민층에게 불리하게 설계돼있는 세율체계를 뜯어고칠 필요가 있다. 법인세 역시 낮출 필요가 있다. 한국 법인세는 20~22%인데 주변국인 싱가포르 17%, 홍콩이 16.5% 선이다. 법인세 인하는 외국 기업 유치로 일자리 창출에 보탬이 되기 때문이다. 또한 수출과 내수 균형을 위해선 고용지향형 중소기업을 지원하고 내수 업종에 대한 창업 지원이 필요하다.

또 한 가지 우리가 인정해야 할 사실은 수출 주도의 경제성장은 한계에 봉착했다는 점이다. 수출 대기업의 실적이 아무리 좋아도 일반 국민들은 '온기'를 느낄 수가 없다. 일자리 증가와 내수진작으로 연결되지 않기 때문이다. 대한민국을 신음하게 만든 양극화의 주원인이다.

전문가들은 국가경영목표 자체를 수출에서 수출-내수 균형으로
전환해야 한다고 권고한다. 내수시장 확대를 위해서는 서비스부문
의 지대추구 행위 혁파가 불가피하다. 전문직의 '밥 그릇 챙기기'를
방치해선 안 된다는 의미다.

큰 가지 3: 자정형 건전 생태계

대기업과 금융사 위주로 짜인 산업 생태계는 또 다른 분노의 원
천이다. 결국 해법은 동반성장이다. 대·중소기업이 함께 성장할 수
있는 상생(相生)의 가이드라인을 마련하는 것이 시급하다. 기업윤
리와 양식에 맡겨두기에는 상황이 너무 심각하다는 분석이다.

자정형 건전 생태계는 출발선을 다시 정돈하는 작업이다. 대·중
소기업 동반성장, 경제계의 공정 경쟁 룰 재구축이 큰 줄기를 이룬
다. 당면한 과제는 중소기업 육성을 고용 창출로 연결해야 한다는
점이다. 중소기업은 대기업(2,900개)보다 월등히 많은 306만 개로
전체 99.9%를 차지하기 때문이다.

하지만 고용노동부에 따르면 지난 2011년 8월 기준 5명 이상 300
명 미만 종사자를 거느린 중소기업의 평균 월급은 251만 1,000원.
300명 이상 대기업 종사자가 440만 8,000원의 월급여를 받은 것의
57%에 불과하다. 양측 모두 한 달 근로시간은 174~176시간으로 비

숫하다. 중소기업은 일손부족 학생들은 취업난에 시달릴 수밖에 없는 이유가 여기에 있다.

사실 청년 일자리창출은 해결의 길이 그리 먼 데 있지 않다. 이미 우리 주변에 성공사례들이 나타나고 있다.

서울 성북동 동구마케팅고등학교는 ERP(전사적 자원관리)로 대표되는 산·학연계 교육시스템을 도입한 이후 2010년 2월 졸업생 238명 중에 122명(51%)이 대학 진학 대신 취업을 택했다. 금성하이텍은 임직원 82명 중 고졸 출신은 41명이다. 승진에 가로막히는 학력 천장도 없다. 임원 6명 중 3명이 고졸 출신으로 전 영역에서 동등한 대우를 받고 있다. 부산 금정구 서동초등학교에서는 SK그룹이 2010년 만든 사회적 기업인 '행복한 학교'가 성공스토리를 써내려가고 있다.

전문가들은 기업의 교육기부에 대한 세제혜택과 함께 신입사원 첫 직장에 대해 2년간 세액공제를 해주는 다양한 방식으로 청년 일자리창출을 유도할 수 있다고 지적한다.

중소기업이 성장하는 데 걸림돌 중 하나는 외형은 대기업에 버금가는 중견기업이면서 중소기업 영역에 머물면서 과실만 따 먹는 '무늬만 중소기업' 탓이 크다. 특히 이들은 중소기업만 참여할 수 있는 조달시장에 뛰어들면서 생태계를 교란하고 있다.

조이현 중소기업연구원 연구위원은 "현행 중소기업 졸업제도를 완화해 당장 중소기업을 졸업해도 불이익이 없는 방안과 그럼에도 중소기업에 머물러 있으려는 중견기업을 대상으로 감시·감독을 강화하는 묘안이 필요하다"고 말했다.

이밖에 대기업들이 납품단가를 부당하게 인하하지 못하게 하고 중소기업 기술 탈취를 엄단하는 것도 중요한 대책이다. 효율적인 자원의 배분을 위해 중소기업의 퇴출을 위한 인수·합병(M&A) 시장을 신설, 기업 생태계의 선순환 구조를 만드는 방안이 거론되고 있다.

그러나 중소·자영업자를 무조건 보호해서는 곤란하다. 목표는 산업생태계의 원활한 신진대사다. 전문가들은 '좀비기업'을 솎아내는 상시 구조조정 체제와 함께 M&A시장을 신설해 중소기업 퇴출 제도를 정비할 필요가 있다고 지적한다.

그리고 카드가맹점 수수료 체계를 합리화해 영세 자영업자의 고충을 덜어주는 방안과 화이트칼라 범죄에 대해서 처벌을 강화하는 것도 공정한 경쟁 룰을 구축하는 데 필요한 요소들이다. 특히 보수적이고도 엄격한 금융감독을 통해 반복되는 경제위기를 방지해야 한다는 지적이다.

큰 가지 4: 21세기형 소통정치

분노를 다스려야 할 최종주체는 정치권이다. 국민 분노가 극에 달한 까닭은 무엇보다 정치권이 위에서부터 아래로 흐르는 톱다운

(top down) 방식의 소통을 고집하면서 공감(共感)이 결여된 탓이다.

'국회의원이 귀하 의사를 대변해주고 있다고 생각하느냐'는 매일경제 설문 조사에 국민 94.5%가 아니라고 대답했다. 소통 차원에서 정치라는 메커니즘이 제대로 작동하고 있지 않다는 뜻이다. 그러므로 대리인 문제를 해결하기 위해서는 밑에서 위로 민의가 수렴되는 보텀업(bottom up) 방식으로 한국 정치 지배구조를 갈아엎어야 한다는 지적이다.

다만 '소통정치'를 'SNS(Social Networking Service) 정치'로 착각하는 행태는 수정이 필요하게 됐다. 2011년의 4·27, 10·26 보궐선거와 2012년 4·11 총선이 생생한 증거다. 4·27, 10·26 보궐선거 때 SNS가 큰 힘을 발휘했기 때문에 4·11 총선을 앞두고 정치권은 일제히 'SNS 공 들이기'에 들어갔었다. 하지만 4·11 총선에선 SNS가 별다른 위력을 보여주지 못했다. 국민이 원하는 소통정치의 범위가 SNS 사용자에 국한돼있지 않음을 보여준 것이다.

정한울 EAI여론분석센터 부소장은 "안철수와 박경철이 왜 인기가 있는지를 생각해볼 필요가 있다"며 "불안하고 힘든 시대에는 예전처럼 지지자들을 모아놓고 정치적인 연설을 하기보다는 함께 공감하고 위로해주는 방식으로 사람들을 만나야 한다는 뜻"이라고 말했다. 정 부소장은 "지구당이 폐지되면서 비용은 절감됐지만 유권자와 정당과의 접촉면이 적어진 부분은 있다"며 "안철수의 '콘서트' 형식의 만남을 벤치마킹하고 공감과 위로를 전하는 것에서부터 정치 개혁이 시작될 수 있다"고 강조했다.

불필요한 선거 체제도 개선해야 한다. 기초단체장 선거와 교육자치제 폐지가 대표적이다. 풀뿌리 민주주의라는 취지가 무색해서다. 정치바람에 흔들리고 교육 질 문제를 놓치는 것에 대해 국민들은 염증을 앓고 있다. 또 전자(인터넷)투표 등을 신중하게 검토해 도입하는 방안도 분노를 치유할 가지들이다.

박효종 바른사회시민회의 대표(서울대 윤리교육과 교수)는 "현행 지자체·의회 선거와 운영에 문제가 많지만 애초에 도입한 이유와 앞으로의 발전가능성 등을 생각할 때 당장 폐지하기보다는 입후보자에 대한 자율적 혹은 제도적 규제장치를 만드는 방식으로 개혁해야 할 것"이라고 말했다.

교육자치와 관련해서는 박 대표는 "백년대계인 교육이 정치바람을 타는 것은 결코 바람직하지 않은 만큼 교육계 인사 중에서 제대로 검증해 간선제로 실시하는 방안을 검토하자"고 제안했다.

이밖에 국회의원 선거 등에서 60일 전에 선거공약을 공포하게 함으로써 실질적인 공약검증을 보장하도록 하고, 지방자치권을 남용해 막대한 재정부담을 초래한 지자체에 대해서는 파산 처분을 내릴 수 있는 제도적 장치를 마련해야 한다는 의견도 많다.

시작은 단순한 호기심이었다.

'도대체 사람들이 왜 이렇게 화가 나 있을까?'

기자들에게 취재 현장 곳곳에서 맞닥뜨리는 한국인의 분노는 난해하고 당혹스러운 경험이었다.

지난 반세기 동안 한국은 기적의 역사를 써내려왔다. 경제적으로는 세계 최빈국에서 선진국 문턱까지 수직 상승했으며, 정치적으로는 선진국 못지않은 민주주의를 이룩했고, 사회적으로는 강대국이 부러워할 정도의 스피드와 역동성을 지닌 나라가 됐다. 그런데 도대체 무엇이 한국인을 분노하게 만들었을까?

기자(記者)적인 호기심이 발동했다. 이 궁금증을 풀기 위해 다각적인 취재가 시작됐다. 대한민국 성인남녀 1,200명을 대상으로 한 국민의식조사를 비롯해 총 4회의 설문조사, 1% 대 99% 분석 등 5회의 자체 통계조사, 마이클 샌델 하버드대 교수 등 90여 명의 국내외 전문가 인터뷰, 강원도 영월 등 10여 회의 지방 현장 취재가 이뤄졌다. 그리고 그 중간중간마다 취재기자들 사이에는 치열한 토론이 이어졌다.

3개월에 걸친 취재가 마무리될 때쯤, 초기의 호기심은 진지한 문제의식으로 바뀌어져 있었다. 해결책을 궁리할 때에는 섬뜩한 위기감과 함께 무거운 책임감 때문에 전율하기도 했다. 그렇게 '대한민국 분노 보고서'가 만들어졌다.

인생은 희로애락(喜怒哀樂)이라 했던가? 분노를 무조건 나쁜 것, 슬픈 것, 피해야 할 것으로 돌릴 필요는 없다. 기쁨과 노여움, 슬픔과 즐거움이 수시로 교차하며 살아가는 것이 인생이다. 노여움이 있기 때문에 기쁨과 즐거움이 두드러지는 것이다. 때론 대놓고 노여워하는 것도 좋은 방법이 될 수 있다. 발전과 개선의 계기가 될 수 있을뿐더러, 반(反)사회적인 방식이 아니라면 그렇게 푸는 것이 정신건강에도 이롭다.

그러나 사회 시스템 자체가 분노를 끊임없이 만들어내는 방식으로 운영되고 있다면 얘기가 달라진다. 분노가 또 다른 분노를 낳고, 그 폐해가 또 다른 폐해를 일으키는 악순환이 반복되기 때문이다. 구조화·집단화한 분노가 임계치를 넘어서면 한꺼번에 분출된다. 동서고금의 역사책에 숱하게 등장하는 교훈이다.

그렇다면 한국의 현실은 어떨까? 취재과정에서 분명히 확인할 수 있었던 점은 분노의 임계점이 그다지 멀리 있지 않다는 점이었다.

이 책의 집필진은 분노의 해법을 모색하는 과정에서 두 가지 깨달음을 얻을 수 있었다. 그 깨달음은 분노를 잠재울 해법을 모색하는 데 중요한 원칙 노릇을 했다.

첫 번째 깨달음은 분노의 원인을 양극화나 자본주의의 탐욕 탓으로 돌려봐야 아무 소용이 없다는 점이었다. 그래서는 분노의 미로(迷路)를 빠져나올 수 없다는 판단 때문이었다. 시스템 탓만 하면 도대체 누가 오작동을 초래했는지에 대해서는 둔감해지게 된다. 당연히 책임지는 사람이 없다. 그렇다고 시스템을 통째로 폐기할 수도 없다. 대안이 마땅치 않기 때문이다.

두 번째 깨달음은 분배 지상주의, 경쟁 회피주의를 넘어서는 항구적인 해법이 필요하다는 점이었다. 국가가 형편이 어려운 사람들 중심으로 혜택을 베푸는 것은 당연하다. 문제는 지속가능성이다. 부자나 대기업으로부터 세금을 더 걷거나, 후손이 갚아야 할 국채를 더 찍는 것도 한계가 있다. 한계를 벗어나 국가나 사회가 무너지면 서민들이 그 피해를 고스란히 뒤집어 써야 한다. 분에 넘치는 과잉복지로 대다수 국민들이 도탄에 빠진 PIGS(포르투갈, 이탈리아, 그리스, 스페인)의 처지가 단적인 사례다.

결론적으로 이 책이 제시한 해법들은 지극히 자본주의적이고 경쟁 지향적이다. 흔히 말하는 '좌파적 해법'과는 거리가 멀다. 공정한 '게임의 룰'이 준수되는 곳에서, 자유로운 경쟁을 보장하되, 패자에 대한 배려를 제도화함으로써 사회정의와 효율성을 동시에 추구하는 대안들이다. 공정한 경쟁을 통해 효율성을 높이되, 그 과실은 배

려와 공감의 바탕위에 분배하자는 것이다.

다시 한 번 강조하거니와 '자본주의는 허점과 모순투성이'라고 아무리 헐뜯어봤자 부질없는 일이다. 엇비슷한 실수가 반복될 수밖에 없다. 결국 해답은 균형 잡힌 새로운 형태의 자본주의다.

생각의 끝은 자연스럽게 정치에 닿게 된다. 분노의 원점(原点)을 제거하려면 정치적 결단에 의존할 수밖에 없다. 한국 사회에 가득한 분노를 어떻게 해소할지는 2012년 말 대통령선거에서 결정적인 변수가 될 것이다. 이번 선거판도 마찬가지일 것이다. 국민들의 역량을 모아 양극화를 완화하고 공정사회를 이뤄낼 지도자도 있을 것이며, 국민들의 분노를 정치적으로만 악용하려는 선동가도 있을 것이다. 지도자와 선동가를 분별해내는 지혜가 그 어느 때보다 필요하다. 엘리트의 위선은 더 위험한 법이므로.

우리는 지금 분노의 한복판에 서 있다. 분명 위험한 상황이지만 두려워할 필요는 없다. 분노는 그 자체로 꿈틀대는 에너지다. 이 에너지를 번영의 지렛대로 삼을지, 쇠망의 도화선으로 삼을지는 우리 모두에게 달렸다.